한국형원전, 후쿠시마는 없다

한국형원전, 후쿠시마는 없다

발행일 초판 1쇄 발행 2019년 12월 2일   2쇄 인쇄 2020년 6월 25일

지은이 이병령
펴낸이 안병훈
펴낸곳 도서출판 기파랑
등록 2004년 12월 27일 제300-2004-204호
주소 서울시 종로구 대학로8가길 56(동숭동 1-49) 동숭빌딩 301호
전화 02)763-8996 편집부 02)3288-0077 영업마케팅부
팩스 02)763-8936
이메일 info@guiparang.com
홈페이지 www.guiparang.com

ISBN 978-89-6523-611-5 03300

한국형원전, 후쿠시마는 없다

이병령

기파랑

일러두기

─────────────────────── 이 책은 일반 국민이 원전 기술을 개념적으로 이해하여 왜 탈 원전 정책이 기술적으로 근거가 없는 정책인가를 알게 하려는 기술보고서의 대중화 시도이다.

기술 보고서를 일반 대중이 읽을 수 있도록 쓰다 보니 기술의 내용을 획기적으로 요약하였고 표현도 기술적이 아니고 대중적으로 하였음을 이해하기 바란다.

예를 들면, 수소가 99.9% 새나가지 않았을 경우 연구용 기술보고서에서는 사실 그대로 "수소가 99.9% 새나가지 않았다"라고 표현해야 하지만 여기서는 "전혀 새나가지 않았다"라고 표현 하였다. 왜냐하면 새나간 0.1%는 사람과 환경에 전혀 영향을 미치지 않아 무의미하기 때문이다.

도둑을 찾는 DNA 검사에서 "A씨가 범인일 확률이 100%이다"라는 말은 들어보지 못했을 것이다. 항상 99.999..%이다. 이런 경우 과학 기술자들은 "A씨가 도둑이다"라고 말하는 것을 몹시 싫어하고 거부한다. 그러나 이 책에서 "A씨는 도둑이다"라고 표현하였다.

이런 방침에 따라, 너무 복잡하여 독자들이 이해하기가 어려운 원자로 내에서 발생하는 여러 현상과 부품의 명칭 등을 간소화·단순화하였다.

기술적인 사실에 대해서는 같은 이야기가 두세 번 나오는 경우가 있다. 중언부언 한 것이 아니고 한번 언급했던 기술적인 사실을 독자가 기

억하여 연관시키기가 어렵기 때문에 다시 이야기하는 것이 독자들에게
편하기 때문이다.

이 책의 기술적 내용에 대하여 정치적 성향이나 정치적 목적으로 비판
을 하는 과학기술자들이 많을 것이다. 과학기술자들의 어떠한 비판도
환영하며, 토론의 장에 나올 때는 적어도 아래 4가지 자료는 미리 읽어
주기를 바란다. 모두 인터넷에서 쉽게 구할 수 있는 자료들이다.

(1) *U.S. NUCLEAR REGULATORY COMMISSION*

25th Anniversary of Three Mile Island unit2 presentation (March 3. NRC)

(2) *An analysis of hydrogen bubble concerns in the Three Mile Island unit-2
reactor vessel* (S. Gordon. K.H.Schmidt, J.R. Honekemp) (1983. Radiation Physics
and Chemistry)

(3) *Root cause study on hydrogen generation and explosion through radi-
ation induced electrolysis in the Fukushima Daiichi accident* (Genn Saji)
(October 2016, Nuclear Engineering and Design)

(4) NRDC REPORT

Preventing Hydrogen Explosions in Severe Nuclear Accident (MARK Leyse)
(March. 2014, NRDC)

이야기를 시작하면서

──────────────── 한국에서는 절대로 원전 사고가 일어나지 않을까? 아니다. 확률이 극히 낮지만 일어날 수 있다. 원전도 사람이 만든 물건이니까 그렇다.

지금까지 일어난 세 번의 원전 사고는 모두 핵연료가 녹은(melt-down) 중대사고였다. 그런데 구(舊) 소련의 체르노빌과 일본의 후쿠시마 사고에서는 방사능이 대기로 방출되어 사람이 죽고 환경이 파괴되었는데, 미국 쓰리 마일 아일랜드(TMI) 원전사고에서는 사망자와 부상자가 한 명도 없고 환경오염도 없었다. 우연이거나 사고 관리를 잘 해서가 아니라 명칭이 같은 원자력발전소이지 노형(爐型) 자체가 완전히 다르기 때문이다.

세계에서 가장 많이 쓰는 노형은 비등수형(沸騰水型)과 가압수형(加壓水型)이다. 후쿠시마와 체르노빌은 비등수형이고 TMI는 가압수형이다. 두 개의 비등수형 원전에서는 수소폭발로 격납용기가 파괴되어 방사능이 누출되었으나 가압수형 원전인 TMI에서는 수소를 연소 시키는 산소가 발생하지 않아 수소폭발이 일어나지 않았기 때문이다. 이 사실은 이론적 연구로도 증명되었다. 한국형원자력발전(이하 한국형원전)은 가압수형이다.

따라서 한국에서 원전 사고가 일어난다면, TMI 사고와 유사한 사고일 수밖에 없다. 사람이 죽거나 환경이 파괴될 수 없다. 후쿠시마와 체르노빌과 같은 피해는 기술적으로 일어 날 수가 없는 것이다. 당연히 2011년 후쿠시마에 한국형원전이 있었다면 사고 나지 않았다.

한국형원전 기술은 지난 60년간 좌, 우 정권을 가리지 않고 국가가 키워온 민족의 기술이고 세계 최고의 기술이다. 그동안 우리는 이 기술을 상용화하여 한국형원전을 설계하였고 국내에 짓는 원전은 물론 UAE에 4기를 수출하였다. 이때 우리와 경쟁한 나라는 미국과 일본과 프랑스였다. 탈 원전은 한국의 원자력 기술을 약화시키고 한국형원전의 수출을 방해하는 반(反)국가이익 정책이다.

이러한 사실들, 즉 왜 한국형원전은 사고가 나도 인명과 환경에 피해가 없는지 그리고 탈 원전은 왜 국정교란 정책인지를 이야기 형식으로 아주 쉽게 썼다. 이글을 끝까지 읽는 독자는 원전에 대해서는 상당한 수준의 지식을 갖게 될 것이다.

2019년 11월

이병령

차례

1장

한국형원전은
왜 중대사고가 나도
인명 피해와
환경 파괴가 없는가?

탈 원전에서
친원전으로 돌아선 오바마

──────────────────── 2010년 백악관 대통령 집무실.

"원전 재개에 반대 합니다."

"왜죠?"

"왜라니요? 30년 전에 일어났던 대형 원전 사고를 잊으셨나요?"

"1979년에 일어난 쓰리마일 아일랜드(Three Mile Island, 이하 TMI) 사고를 잊은 지구인은 없지요. 묻겠습니다. 그 대형 사고로 어떤 피해가 있었나요?"

2010년 1월 어느 날, 세계적인 반핵 운동가가 오바마 대통령의 원전 건설 재개와 대대적인 재정지원 정책에 반대하기 위해 백악관을 찾아가 나눈 대화로 알려진 내용이다.

"엄청난 경제적 손실은 물론이고 원전 사고에 대한 두려움이 전 세계로 퍼졌지요."

"동의합니다. 그러나 경제적 손실문제에 대해서는…. 원전을 돌림으로써 얻는 경제적 이익과 에너지 안보 등과 비교해야 할 것입니다."

"…"

"우리가 원전 사고에 대해 가져야할 관심은 인명피해와 환경 파괴 아니겠어요?"

"물론입니다."

"핵연료가 녹아 다량의 방사능이 나왔으나 99.99%가 격납용기 안에 갇혀있어 일반 대중은 물론 원자로를 돌리는 운전원까지 포함하여 사망자와 부상자가 한 명도 없었지요?"

"…"

"사고 당시 사고 지점 5마일 내의 인구는 35,930명이었는데 사고 10년 후 아니 지금까지 암 등 성인병의 증가가 전혀 없다는 사실은 알고계시지요?

약 한 달 후인 2010년 2월 16일 오바마는 조지아 주를 방문하여 30년간 중단되었던 원전 건설을 재개할 뿐 아니라 연방 정부가 80억 불의 대출보증까지 하겠다고 선언하여 세계를 놀라게 했다. 그러면서 "한국을 본받자"라고 말하여 우리를 기분 좋게 만들었다. 불과 한 달여 전인 2009년 12월 말에 아랍에미리트(이하 UAE) 원전 수주 전에서 우리에게 패배한 쓰린 심정을 표출한 것으로 보였다. 미국이 아무리 최대 강국이고 UAE와 우호적인 국가지만 자기네 나라에서는 짓지 않고 팔겠다고만 하는 나라에서 60년 이상 써야할 원전을 살 수는 없었을 것이다.

오바마는 민주당 소속 미국 대통령인데, 대학시절부터 반핵운동을 하였고 대통령이 된 후 핵무기 없는 세상을 강력히 주창하여 2009년 미국 현직 대통령으로서는 90년 만에 노벨상을 받는 등 반핵 의식이 강한 사람이었다. 그러나 대통령이 된 후 원전 재개로 방침을 바꾸었다.

미국은 석유는 물론 엄청난 세일가스까지 있어 에너지 걱정이 없는 나라이다. 그럼에도 불구하고 원전 건설을 결정한 것이다. 왜일까? 오바마 대통령은 미국 원전의 안전성을 믿었고 미세먼지와 온난화 등의 환경문제를 해결하는 데는 원전 밖에 없다고 생각했기 때문이다. 그리고 일자리와 에너지 안보 등의 측면에서도 원전이 꼭 필요하다고 확신했다. 반핵 정책으로 노벨상까지 받은 사람이 국가이익을 위해 친원전 정책으로 돌아선 오바마 대통령의 애국심과 용기에 고개가 숙여진다.

한국의 유일한 노벨상 수상자인 김대중 대통령은 물론 노무현 대통령도 평생 반핵 운동을 하였다. 그러나 집권 후에는 친원전으로 돌아섰다. 원전이 국가적으로 꼭 필요하다는 사실을 알게 되었기 때문이다.

원전에도
종류가 있다

──────────────── 모든 발전소는 뭔가를 가지고 열을 내서 그 열로 물을 데워 수증기를 만들고 그 수증기로 발전기를 돌려 전기를 만든다. 열을 내는 뭔가가 석탄이나 석유나 LNG 등 화석연료이면 화력발전소이고 우라늄 등의 핵분열이면 원자력발전소, 물(H₂O)의 성분인 수소의 핵융합이면 핵융합 발전소이다.

원자력발전소는 핵분열을 하여 엄청난 열과 방사선을 내뿜고 있는 핵연료에 물(냉각재)을 보내 데우면서 동시에 핵연료는 식힌다. 이 데워진 물은 방금 핵연료를 지나왔으니까 방사능 범벅이다. 그래서 취급이 어려우니까 가압수형(加壓水型, PWR)의 경우에는 이 물로 수증기를 만들지 않고 열교환기를 거쳐 다른 깨끗한 물을 데워서 수증기를 만든다. 그리고 이 깨끗한 수증기로 발전기를 돌린다. 방사능 범벅인 오염된 물은 다시 핵연료로 돌아가 자신은 데워지고 핵연료는 식히는 과정을 되풀이한다. 이것이 가압수형 원전의 원리이다.

　　반면, 비등수형(沸騰水型, BWR) 원전에서는, 가압수형과는 달리, 방사능 범벅인 이 데워진 물로 직접 수증기를 만들어 발전기를 돌린다.

이것이 가압수형과 비등수형의 기술적인 차이이고 근본적인 차이이다.

1979년 중대 사고가 났지만 사람이 죽기는커녕 부상자도 없고 환경 파괴가 전혀 없었던 미국의 TMI 원전, 50여 년 전부터 시작하여 필요한 전기의 75%를 원전에서 뽑아 쓰면서 사고 한번 없는 프랑스의 모든 원전, 1970년대에 시작하여 한국 경제 부흥의 견인차 역할을 해오면서 역시 사고 한번 없는 한국의 원전, 이 모두가 가압수형 원전이다(우리나라에 비등수형 원전은 없고 특수 원전인 중수로형 원전이 4기가 있다). 그냥 쉽게 이렇게 말하면 된다. 가압수형 원전은 60여 년 전부터 시작하여 이제 전 세계에 300기 이상이 가동 중인데 사람이 다치거나 환경을 파괴한 적이 단 한 번도 없다.

반면 1986년 끔찍한 원전 사고를 냈던 구 소련의 체르노빌 원전과 2011년 역시 비극적인 사고를 낸 후쿠시마 원전은 비등수형 원전이다.

후쿠시마 원전 사고 원인은
지진도 쓰나미도 아니다
──────────────── 우선 원전 사고라는 게 무엇인지

부터 알아보자. 강력한 지진이 와서 원전의 건물이나 장치들이 망가지면 원전 사고인가. 아니다. 원전 사고가 겁나는 것은 방사능이 밖으로 나오기 때문인데 건물이나 장치들이 망가져서는 방사능이 밖으로 나오지를 않기 때문이다. 방사능을 내뿜는 핵연료는 구중궁궐은 아니고 오중궁궐(五重宮闕) 안에 모셔져 있다. 즉 5중의 방어벽이 모두 뚫려야 방사능이 밖으로 나오고 그래야 비로소 사람과 환경에 해를 끼치는 원전 사고가 되는 것이다. 그런데 이 5중의 방어막이 뚫리는 이유는 핵연료에 물이 들어가지 않아 핵연료가 식지 않으면서부터 즉 과열 되면서부터 시작된다. 지진 같은 물리력 하고는 아무 상관이 없다.

그렇다면 쓰나미가 원전 사고의 원인일까? 물론 아니다. 후쿠시마의 경우를 보자. 역사상 최악의 쓰나미가 닥쳐 원전이 침수 되어 전기가 모두 나가버렸다. 원전에서는 이러한 경우를 대비하여 여러 대의 비상 발전기를 설치해 놓는다. 그런데 후쿠시마에서는 6대의 비상 발전기 모두를 높은 곳이 아닌 지하에 설치해 놓고 방수도 하지 않는 바람에 물에 잠겨 무용지물이 되어버렸다. 여기서부터 어찌어찌하여 5중의 방어막 중 4개가 뚫렸다. 그러나 아직도 마지막 방어막이 있어 크게 걱정 할 일이 아니었다. 그런데 비등수형 원전의 문제점인 수소가 폭발하는 바람에 결국 5중의 방어막이 모두 뚫려 처참한 원전 사고가 된 것이다.

강조하고 싶다. 후쿠시마에 15m라는 사상 최악의 쓰나미가 닥쳐왔지만 비상 발전기와 그리고 전기와 관련된 기계 몇 대가 이보다 높은 곳에만 있거나 방수 처리만 되었다면, 뭐 특별한 게 아니라 그냥 이러한 간단한 조치만 취했더라면 사고는 일어나지 않았다. 그러니 쓰나미 자체는 원전 사고의 원인이 될 수 없는 것이다.

원자력 발전소인데 왜 갑자기 수소 이야기가 나오는지 나중에 설명하겠다. 재미있다. 독자들이 여기서 알아야 할 것은 딱 하나다. 원전 사고는 경위야 어찌되었든 핵연료에 물이 들어가지 않아야 일어난다는 사실이다. '기·승·전·핵물않'('핵'연료봉에 '물'이 들어가지 '않'아야 함)이다.

격납용기는
인명과 환경의 마지막 보호막

──────────────────────────── 원전의 사고 분석은 복잡하고 어렵다. 핵분열이 일어날 뿐 아니라 방사능에 오염된 300℃의 물이 150기압으로 직경 1m나 되는 파이프 속을 5m/sec로 내달리는 상황이다보니 복잡할 수밖에 없다. 그러나 원전 사고가 인명 피해와 환경파괴로 이어질 것인가에 대한 분석은 매우 단순하다. 그 단순한 분석을 보다 쉽게 풀어 쓴 이 글을 끝까지 읽은 독자

는 원전 전체는 물론 원전 중대 사고에 대해서 상당한 수준의 지식을 갖게 될 것이다.

원자력발전소를 지나다보면 우뚝 서 있는 돔 모양의 큰 구조물을 보게 되는데, 이것이 격납용기(containment vessel)이다. 볼 품 없이 생긴 이 콘크리트 구조물이 원전 사고에서 인명과 환경을 보호하는 최후 방어막이다. 즉 원전 내부에서 아무리 심각한 사고가 발생하여 쑥대밭이 되더라도 사람과 환경을 해치는 방사능만큼은 모두 이 안에 갇혀있게 되는 것이다.

그렇다보니 핵과 관련된 모든 장치, 다시 말해 열을 발생하고 방사능을 내뿜는 모든 것들은 다 이 안에 들어가 있다. 이 격납용기 밖에 있는 모든 장치나 시설은 핵과 상관이 없다보니 일반 발전소와 별 차이가 없다. 체르노빌에는 이 격납용기가 사실상 없었고 후쿠시마에서는 이게 파괴되어 사람이 죽고 환경이 오염된 것이다.

격납용기는 벽 두께가 1.2m이상 되는 강화 콘크리트이고 안에 약 6㎜의 강철로 라이닝(lining)이 되어있다. 우리가 측정 가능한 지진의 규모가 10인데 13이상의 지진에도 끄떡없게 되어있는데, 규모 13의 지진은 영화에서나 볼 수 있는 세상이 모두 파괴되는 지진이다. 또한 세상에 있는 어떤 미사일이나 항공기에도 견딘다.

이 격납용기만 버텨주면 방사능이 일체 밖으로 나오지를 못하는 데다가 큰돈이 들어가는 것도 아니니까 에~라이 하면서 왕창 튼튼하게 만들어버리는 것이다.

미사일이 떨어져도 비행기가 들이 받아도 *끄떡없이* 견딘다? 그럼 절대로 파괴되지 않는가?

그렇지는 않다. 원자폭탄과 내부에서 일어나는 수소폭발엔 구멍이 난다. 원자폭탄에는 세상에 파괴되지 않는 것이 없으니까 여기서는 뺀다. 그렇다면 한국형원전에서 수소폭발이 일어 날 수 있는가만 분석하면 된다. 이제 원전 사고 분석이 아주 쉽고 간단해졌다. 한국형원전에서는 수소폭발이 일어나지 않는다는 사실만 실제 사건과 이론적으로 증명해보이면 한국에서는 인명과 환경에 피해를 입히는 원전 사고는 일어날 수 없다는 것이 증명되는 것이다.

2011년에 후쿠시마 사고가 일어나니까 전 세계가 "앗 뜨거워" 하면서 여러 가지 보완조치를 해서 원전이 훨씬 안전해졌다. 세상의 모든 원자력계는 평소에 "원전은 안전하다. 절대 사고가 일어나지 않는다"라고 자신만만하다가 생각하지 못했던 허점이 나와 사고가 일어나면 겸연쩍어 하면서 이 허점들을 서둘러 보완한다. 그리고 나서는 다시 "이제는 정말 우리 원전은 절대 안전하다"라고 말한다. 이런 식의 주장은 믿을 수 없다. 열심히 보완은 했지만 또다시 생각하지 못했던 허점이 어디에나 있을 수 있기 때문이다.

한국형원전도 후쿠시마 사고에 따라 여러 가지 보완조치를 하였다. 그러나 여기서는 더 안전해진 현재의 한국형원전이 아니라, 보완조치를 하기 전의 한국형원전이 2011년 3월 11일 후쿠시마에 있었더라도 사고가 일어나지 않았다는 사실을 증명해보이겠다.

일분일초 숨 막히는
후쿠시마 사고 경위

──────────────── 일본의 후쿠시마 사고(2011년)가 미국 TMI 사고(1979년)보다 나중에 일어났지만 후쿠시마 먼저 소개하는 것이 독자의 이해를 돕는데 유리할 것 같아 먼저 소개한다.

후쿠시마 제1원전 지역에는 6기의 비등수형 원전이 있었는데, 2011년 3월 11일 오후 2시 45분 강력한 지진(규모 9.0)이 발생하여 원전에 전기를 공급하는 송전선이 모두 끊겨 외부 전력이 사라졌다. 외부 전력은 꼭 지진이 아니더라도 테러 등으로도 끊길 수 있기 때문에 모든 원자력발전소는 이에 대한 준비가 되어있다. 그 중 하나가 비상 발전기이다. 지진으로 외부 전력이 다 끊긴 후쿠시마 원전도 6기의 비상 발전기가 정상으로 작동되어 운전 매뉴얼에 따라 모든 원전이 안전하게 관리되고 있었다. 지진이 원전 사고의 원인이 아닌 것이 실증되는 순간이다.

그러나 지진발생 50분 후에 쓰나미가 몰려 왔는데 그 높이가 물경 15m였다. 지금까지 일본에서 일어난 최악의 쓰나미는 10m였다. 지진과 쓰나미에 대한 대비가 철저한 일본인데도 그 이상의 쓰나미를 전혀 예상하지 않았다. 그렇다보니 후쿠시마 원전의 모든 설계 기준을 '쓰나미 10m'로 했다. 그 이상의 쓰나미가 와서 원전이 침수되는 경우를 예상하지 못했던 것이다. 그렇다보니 비상시에 쓰는 비상발전기를 지하에 설치하고 방수처리도 하지 않는 만행에 가까운 실수를 저질렀다. 다시 계속해서 이야기가 나오겠지만, 이 비상 발전기를 지상의 높은 곳에만 설치했거나 간단한 방수 처리만 했더라도 비극은 일어나지 않았다.

　일부 기술자들이 혹시나 해서 15m를 주장하였지만 예산 낭비라는 전력회사 주장에 막혔다고 한다. 그래놓고는 "우리 원전은 어떤 지진과 쓰나미에도 안전하다"고 떠들어댔던 것이다.

여기 한 기술자의 소견과 고집이 원전 사고를 막은 가슴 뭉클한 이야기가 있다. 후쿠시마와 같이 태평양 변에 속한 오나가와(女川)에도 후쿠시마와 같은 비등수형 원전 3기가 있었다. 그리고 여기에도 규모 9.0의 지진이 덮쳤다. 진앙지에서의 거리가 후쿠시마 (180km)보다 더 가까워(123km) 지진과 쓰나미의 강도가 더 셌으면 셌었지 약하지는 않았는데도 이 원전은 사고 나지 않았다. 멀쩡 했다. 지진과 쓰나미가 원전 사고의 원인이 아니라는 또 다른 증 거다. 멀쩡한 이유? 우리 독자들은 이미 알고 있다. 침수되지 않 았기 때문이다.

그렇다. 오나가와 시민들은 후쿠시마 사고를 구경하고 있었다. 오 나가와 원전은 후쿠시마와 달리 최악의 쓰나미 규모를 14m로 설 계했기 때문이다. 오나가와 원전은 후쿠시마 원전과 달리 도호쿠 (東北)전력 소유이다. 그러나 도호쿠전력도 도쿄전력과 마찬가지 로 '쓰나미 10m'로 설계하라고 설계팀에 요구하였다. 물론 비용 때문이다. 그런데 어찌된 건가?

놀랍게도 한 소신 있는 기술자의 고집 덕분이었다. 당시 설계 팀장이었던 히라이(平井)가 목을 내놓고 악착같이 반대하는 바람 에 14m로 하지 않을 수 없었던 것이다. 후쿠시마 사고 이후 오나 가와에서는 그를 기린다고 한다.

그렇다면 후쿠시마에 한국형원전이 있었다면 어떻게 되었을까? 한국형원전의 비상 발전기는 물론 지상에 설치되어 있다. 그러니 까 후쿠시마에 한국형원전이 있었다면 비상 발전기가 침수되지 않아 사고가 일어나지 않았을까? 물론 100% 그렇다라고 말하기는 어렵다. 우리 원전 지역이 대체적으로 후쿠시마 보다 낮기도 하지만 해변에서 원전까지의 지형과 거리 등에 따라 침수의 정도가 다를 것이기 때문이다. 한국형원전이 있었더라도 침수되었다고 보는 것이 보수적이고 안전한 판단이다.

하여간 이제 후쿠시마 원전에는 외부 전원이 끊겼고 모든 비상 발전기가 침수되었으니까 쓸 수 있는 전기가 전혀 없는 상태, 즉 전원 상실(Station Black Out, SBO) 상태가 되어버렸다. 그러면 이제 원전 사고인가? 아직 아니다. 원전은 이런 경우를 대비해 배터리를 준비해 놓는다. 그러나 일본의 기술자들은 어이없게도, 정말 어처구니가 없게도 배터리마저 지하에 갖다놓았다. 쓰나미가 몰려온 직후 당연히 침수되어 쓸 수가 없게 되었다. '최악의 쓰나미가 10m'라는 안이한 판단이 모든 화(禍)의 근원이었다. '혹시' 하는 조심성으로 배터리를 크게 인심 써서 한 15m 높이에 놓기만 했어도 사고는 일어나지 않았다. 원전에는 15m 이상 되는 구조물이 많아 배터리를 높은 곳에 올려놓는 것은 식은 죽 먹기다.

이제 꼼짝없이 원전 사고인가? 그렇지 않다. 원전은 조심스럽게 설계된다. 이런 최악의 경우를 대비해 비상 발전기를 차에 실어 대기하게 되어있다. 이동식 발전기이다. 외부 전원이 다 끊겨도, 6기의 비상 디젤발전기가 모두 못쓰게 되어도 그리고 배터리마저 못쓰게 되어도 차에 실어 놓은 발전기는 항상 쓸 수 있을 테니까 말이다. 그러나 후쿠시마에서는 당연히 달려와야 할 이동 발전기마저 오지를 못했다. 이동 발전기 차량 기사가 규정을 어겨 멀리 가있었는데 지진과 쓰나미로 길이 막혔던 것이다. 이때부터 일본은 혼란에 빠졌다. 총리가 이래라 저래라 기술적인 지시를 하지를 않나 도쿄전력은 이를 거부 하지를 않나.(우리나라는 복수의 이동식 발전기를 운영하여 기사가 규정을 어기거나 발전기가 고장 나있을 경우에도 대비하고 있다.)

이제 끔찍하게 파괴된 후쿠시마 원자로 속으로 들어가기 전에 핵연료에 대한 간단한 지식 하나를 소개한다.

핵연료는 우리 손가락 한 마디 정도의 크기로 딱딱하게 만들어(pellet) 튜브 안에 여러 개를 집어넣어 사용한다. 그런데 이 튜브 피복관은 핵분열에서 나오는 열에 오랜 시간 견뎌야하기 때문에 열에 매우 강한 지르칼로이(Zircaloy)라는 특수 합금으로 만든다. 요즘은 치아 임플란트도 금이 아닌 이 지르칼로이로 많이들 한다고 한다. 금속인데도 아주 예뻐 가짜 다이아몬드로도 사용된다. 그런데 세상에 좋기만 한 것은 없다던가, 이 지르칼로이 합금은 습한 상태에서 온도가 올라가면 수소를 내뿜는 치명적인 결점이 있다.

다시 후쿠시마 원자로 내부. 핵연료를 식히는 물이 들어가지를 않으니 핵연료의 온도는 순식간에 2,800℃ 이상으로 치솟았고 이미 들어와 있는 물은 고온 고압의 수증기로 변했다. 핵연료에 붕산을 주입하여 핵분열은 멈추었지만 온도는 금방 떨어지지 않을 뿐더러 붕괴열이라고 하는 일종의 잔열(殘熱)이 나와 핵연료가 녹아버렸다. 그 유명한 멜트다운(meltdown)이다.

이제 후쿠시마 원자로에는 엄청 뜨거워진 지르칼로이 피복관에서 대량의 수소가 나오기 시작하였다(2011.3.12. 14:30). 그리고 불과 1시간 6분 만인 15:36에 수소가 폭발하였고 격납용기 뚜껑이 날아가 버렸다. 인명과 환경 보호의 최후 보루인 격납용기가 파괴되었으니 당연히 엄청난 방사능이 대기로 방출되기 시작하였다. 후쿠시마의 비극이 시작된 것이다.

여기서 후쿠시마 원전과 한국형원전의 차이가 나기 시작한다. 지금부터 설명하려고하는 TMI 사고에서도 후쿠시마 사고와 똑같이 핵연료가 멜트다운 되었고 지르칼로이 피복관에서 수소가 나왔지만 폭발하지 않았다. 수소가 폭발하지 않았으니 격납용기가 손상을 입지 않았고 방사능이 바깥으로 나오지 않아 인명과 환경의 피해가 없었던 것이다. 노형의 차이 즉 비등수형과 가압수형의 차이인 것이다. 다시 강조하지만, 후쿠시마와 체르노빌은 비등수형이고 TMI와 한국형원전은 가압수형이다.

TMI 사고는 가압수형 노형이 얼마나 안전한가를 이론이 아닌 실제로 보여준 원전 사고였다. 이제 이것이 정말인지 슬슬 기술적으로, 그러나 결코 어렵지 않게 재미있게 풀어보겠다.

소설같은
TMI 사고 경위

──────────────────── 지금으로부터 40년 전인 1979년 미국 펜실베이니아주(州) 어느 강 가운데에 있는 쓰리 마일 아일랜드에 설치된 2기의 원전 중 하나에서 사고가 났다. 아주 작은 기기의 오작동이 핵연료가 멜트다운 되는 큰 사고로 발전하였다.

약 7만 명의 주민이 피난을 하는 등 민심의 동요가 극심했고 특히 미국 원자력 규제위원회(Nuclear Regulatory Commission, 이하 NRC) 위원장이 잘 알지도 못하면서 원전의 수소폭발 가능성을 언급하여 수소폭발을 수소폭탄으로 연상한 미국 사람들은 물론 전 세계인이 공포에 떨었다. 카터 대통령이 사고가 진행 중인 현장을 방문하는 등 긴박한 상황이 펼쳐진다.

그러나 사고가 끝나서 보니 뜻밖에도, 너무나 뜻밖에도 경제적인 피해만 있을 뿐 인명피해는 전혀 없었다. 뿐만 아니라 토지와 물과 공기의 오염도 없었다. 그 후 10년간 암환자 증가도 제로였다. 인류를 공포에 떨게 한 원전 사고였지만 그 피해는 경제적인 피해로 제한되었다. 수소폭발이 일어나지 않아 격납용기가 멀쩡하다보니 방사능이 그 안에만 머물러 있었기 때문이었다. 세계가 경험하지 못한 최초의 원전 사고로써 전 인류가 공포에 떨었지만 결과는 인명과 환경 피해가 전혀 없는 싱거운 사고가 되어버린 것이다.

그런데 이 사고의 전개 과정에서 가압수형 원전은 근본적으로 수소폭발이 일어나지 않는다라는 기술적인 사실이 실증(實證)된다. 이 실증은 그 후 여러 연구를 통해 이론적으로도 뒷받침 되었다. 반면 그 후 1986년과 2011년에는 비등수형 원전인 체르노빌과 후쿠시마 원전에서 사고가 일어나 수소가 폭발하는 바람에 엄청난 피해가 발생하는데, 이에 대한 기술적인 차이를 설명하겠다. 아주 쉽다.

NRC가 2004년 TMI 사고 25주년을 맞아 발간한 「사고 과정 프레젠테이션(25TH ANNIVERSARY OF THREE MILE ISLAND UNIT2 PRESENTATION)」은 TMI 사고의 전개 과정과 원자력 공공(公共) 규제기관인 NRC의 관료주의, 언론의 보도와 민심의 동요 등을 사실적으로 잘 묘사하고 있다. 지금으로서는 상상할 수 없는 기가 막히고 웃기기도 하는 사건들이 전개된다. 이 프레젠테이션을 중심으로 당시 흘러나온 이야기 등을 합쳐 요약 소개하면 이렇다.

1979년 3월 28일 수요일 새벽 4시경 미국 펜실베이니아주 해리스버그에 위치한 TMI 원전에서 수증기를 빼내 압력을 줄여주는 감압밸브(relief valve)가 닫히지 않는 고장이 났다. 운전실에서 알람이 울리고 비상등이 깜빡 거렸다. 그러나 당시에는 많은 밸브 중 어떤 밸브 하나가 닫히지 않는 것만 알려줄 뿐 구체적으로 어느 밸브가 고장이 났다는 사실을 알려주는 장치는 없었다. 40년 전 일이긴 하지만, 호랑이 담배 피던 시절이라는 격세지감이 든다. 현대 원전은 고장 난 그 밸브가 계기판에 나타날 뿐만 아니라 혹시 계기판이 고장 났을 경우를 대비하여 2차, 3차로 알려 주는 시스템을 구축해 놓았다.

발전소 사람들은 어느 밸브가 닫히지 않는지 알기위해 갈팡질팡하는 중에 하필 이때 보조급수기라는 것이 고장이 나고 이어서 운전원이 실수로 긴급노심냉각장치를 꺼버린다. 모두 우왕좌왕하면서 만 하루를 보내고 사고 이틀째인 3월 29일 목요일이 되어서야 비로소 고장 난 밸브를 찾는다. 모두 환호 하면서 밸브를 닫는 스위치를 올렸다. 계기판에도 닫힌 것으로 나타났다. 그러나 실제로는 닫히지 않았다. 그대로 열려있었다. 계기판도 고장이 났던 것이다. 이 열린 밸브로 물이 계속 유출되어 핵연료를 식혀줘야 할 물이 다 새나가 버렸다. 결국 몇 시간 만에("within a couple of hours") 핵연료가 멜트다운 되었다. 독자들은 귀를 의심하겠지만, 당시에는 핵연료가 멜트다운 된 사실을 아무도 몰랐다.

그러다가 다음날, 사고 3일째인 3월 30일, 역사적인 블랙프라이데이가 되어버린 금요일 오전 9시 경, 한 운전원이 매뉴얼에 따라 방사선에 오염된 수증기 일부를 대기 중으로 방출하였다. 그리고는 헬기를 띄워 방사능을 측정하였다. 배기관 바로 위는 시간당 1,200밀리렘(millirem) 이었고 지상은 12~14밀리렘이었다. 배기관 바로 위 1,200밀리렘과 지상의 12~14밀리렘은 모두 높은 수치이긴 하지만 크게 문제되는 수치는 아니었다. 곧 희석될 것이기 때문이었다.

그런데 참으로 웃지 못할 일이 벌어졌다. 운전팀원 중 누군가가 펜실베이니아주 위기관리 팀(Pennsylvania Emergency Management Agency)의 팀장인 헨더슨(Oran Henderson)에게 전화하여 "여기 원전에 사고가 났는데 방사능이 시간당 1,200밀리렘 방출되고 있다"라고 보고를 한 것이다. 그런데 정말 역사는 작은 일에서 시작되는가보다. 이 사람이 보고 할 때 지상의 방사능 수치는 12~14밀리렘이라는 말을 하지 않았다. 그 바람에 보고를 받은 헨더슨 팀장은 배기관 위가 아닌 지상 방사능이 1,200밀리렘 이라고 이해해 버렸다. 보고를 한 사람은 보고를 할 책임자도 아닌데 그냥 중요한 거 같아서 보고 했노라고 나중에 진술했다. 모두가 당황하여 갈팡질팡하는 상황에서 나온 실수로 여겨진다. 나중에 NRC 역사가인 워커(Samuel Walker)는 이 보고를 '극단적으로 단편적이고 불완전하고 부정확한 보고'였다고 기록했다.

이 잘못된 보고는 즉각 주지사 쏜버그(Dick Thornburgh)에게 전달 되었다. 주지사는 이 엄청난 위기 상황을 확인하기 위해 발전소 및 NRC와 접촉을 시도하였으나 모든 전화가 완벽하게 통화 중이어서 누구와도 통화를 할 수가 없었다. 발전소 NRC 현장 사무실엔 전용 전화기는 물론이고 교환 구내 전화기도 없었다고 한다.

독자들은 이때는 휴대전화가 없던 시대임을 상기하기 바란다. 필자에게 TMI 사고는 불과 몇 년 전에 일어난 사건으로 느껴지는데, 벌써 40년 전이고, 아래에도 나오지만 미국 대통령이 주지사와 통화가 안 되어 애를 먹는 시대였다. TMI 사고가 난 1979년대는 전화만이 유일한 통신수단이었다.

하여간 어찌어찌하여 워싱턴에 있는 NRC 본부도 이 "극단적으로 단편적이고 불완전하고 부정확한 보고"를 받았고(어떻게 NRC 본부도 주 정부와 같이 이 잘못된 보고를 받았는지는 기록에 없음) 주 정부에 주민 소개(疏開)를 건의해야 한다고 판단했다. NRC 사고 상담 센터(Incident Response Center)의 덴튼(Harold Denton)과 펜실베이니아주 정부의 위기관리 팀장인 헨더슨은 어떻게 접촉이 되어 주민 소개를 해야 한다는데 실무적으로 합의하고 다만 소개를 5마일로 해야 할지 10마일로 해야 할지를 논의 하였지만 결론을 못 내고 있었다.

주민을 소개해야한다는 실무진의 보고를 받은 주지사는 주민 소개에 따른 위험과 혼란과 손해가 너무 막심하여 NRC 위원장의 공식의견 없이는 소개 할 수 없다고 결정하였다. 얼마의 시간이 흐른 후 운 좋게 NRC 위원장인 헨드리(Joseph Hendrie)와 통화가 되었다. 그러나 헨드리 위원장도 1,200밀리렘의 원인이 뭔지 어디서 측정한 것인지 얼마나 지속되고 있는 것인지 파악하지 못하고 있는 것은 마찬가지였다. NRC 본부가 있는 워싱턴에 있다보니 사고 현장 상황이 파악이 안되고 있었다. NRC 위원장이 NRC의 공식 의견을 밝힐 입장이 못 되었던 것이다. "모르겠다. 죄송하다. 알아보고 연락하겠다."라는 말만 계속했다고 한다. 사고 현장의 NRC 사무실엔 전화기마저 없고 발전소의 모든 전화는 완벽히 막혀("completely jammed") 있어 보고를 받고 지시를 하는 것이 불가능하였다. 주지사는 미칠 노릇이었을 것이다. 실무자는 엄청난 방사능이 나오고 있으니 당장 주민을 소개시켜야한다고 하는데 공식 규제 기관인 NRC 위원장은 모르겠다고 하니 말이다.

몇 시간 뒤, 정확한 시간 기록은 없지만 그 엉터리 보고를 받은 후 약 2시간 후인 11시 30분 쯤, NRC와 주정부 모두 시간당 1,200밀리렘의 방사능은 배출구 바로 위에서 측정한 것이고 지상의 방사능 수치는 12~14밀리렘라고 정확한 보고를 받았다. 이 지상의 방사능 수치는 큰 위험은 아니지만 그렇다고 무시할 수 있는 정도도 아니었다. 주지사는 즉시 기자회견을 열고 임산부와 미취학 아동 3,500명의 부분 소개를 권유하였다. 주민 전체가 아닌 임산부와 미취학 아동만 소개하도록 권유만 한 것이다. 사고 3일째인 금요일 낮 12:00였다. 그러나 실제로는 방사능 피해를 우려하는 시민 약 7만 명이 피난했다. 나중에 보니 이 소개 권유 당시에는 이미 방사능 수치가 정상으로 내려와 있어 주민들이 소개를 할 아무런 이유가 없었다고 한다. 전화가 안 되니 관계 기관 간에 정보를 제대로 교환할 수가 없었던 것이다. 코미디치고는 좀 비싼 코미디였다.

당시 카터 미국 대통령도 이날 사고 3일째인 금요일 10시 30분

쯤, 주지사가 정확한 정보를 받고 주민소개를 권유하는 방송을 하기 1~2시간 전에 비로소 TMI에서 원전 사고가 났다는 보고를 받았다. 그러나 대통령이 받은 보고도 주지사와 똑같은 '지상 방사능 1,200밀리렘'의 엉터리 정보였다. 해군 시절 핵 관련 일을 했던 카터 대통령은 시간당 1,200밀리렘의 방사능이 매우 심각한 문제임을 잘 알고 있었다. 대통령은 다른 사람보다 운 좋게("better luck than others") 워싱턴 NRC 본부에 있던 헨드리 위원장과 통화를 할 수 있었는데, 이 대화에서 두 가지 중요한 결정을 한다.

첫 번째는 당장 그날 중으로 백악관 설비팀을 사고 현장에 보내 백악관과 주 의회 의사당(State House-왜 주지사 사무실이 아닌지는 모르겠음) 그리고 워싱턴 NRC 본부와 사고 현장의 NRC 사무실 4군데에 전용 전화선 시스템을 구축한다는 것과 전국에서 가장 유능한 핵 기술자를 사고 현장에 급파한다는 것이었다. 40년이 짧은 세월은 아니지만, 미국 대통령이 '운 좋게' 누구와 통화를 할 수 있었다라든가 전화 전용선을 깔고 전문가를 수배하는데 대통령의 특별 지시가 필요했던 시절에 원자력 발전소를 돌렸다라는 사실이 뭔가 맞지 않는다고 느껴진다.

하여간 대통령과 NRC 헨드리 위원장 두 사람은 당시 NRC의 고위 간부인 덴튼(Harold Denton)을 카터 대통령의 TMI 대변자로 임명하고 사태 수습에 나섰다. 덴튼은 NRC 직원들로 수습팀을 만들어 헬기로 백악관을 떠나 TMI 현장에 도착하였다. 금요일 오후였는데 당시는 주민 소개 문제는 일단락되었으나 어제 저녁부터 이슈로 떠오른 수소가스 문제로 뒤숭숭한 분위기였다.

이제 이야기는 클라이막스로 치닫는다. 수소가스가 문제가 되기 시작한 사고 이틀째인 1979년 3월 29일 목요일 오후로 되돌아간다.

수소폭발
그리고 대통령의 사고현장 방문

──────────────── 사고 이틀째인 목요일 저녁에 핵연료를 둘러싸고 있는 원자로용기(Reactor Vessel)에 수소버블(bubble)이 차 있는 것이 발견되었다. 원자로용기는 핵연료가 들어가 있는 일종의 통인데 방사능에 오염되어 있으니 당연히 격납용기 안에 설치되어 있다. 수소버블은 물론, 핵연료에 물이 들어가지 않아 뜨거워진 핵연료 피복관에서 발생한 것이다. 원자로용기에 차있는 이 수소버블은 핵연료로 가는 얼마 남지도 않은 물의 흐름을 완전히 막아 결국 핵연료가 멜트다운 되는 큰 사고로 발전할 것이라고 모두들 걱정이 태산 같았다.

그런데 사실 핵연료는 그 전날 즉 사고 당일부터 이미 멜트다운 되고 있었는데 아무도 몰랐었다. 이때만이 아니라 1985년까지 몰랐다. 사람이 들어가기는커녕 볼 수도 없다보니 사고 6년 후에야 알게 된 것이다.

다른 한편의 기술자들은 핵연료 멜트다운 보다는 수소폭발을 걱정하고 있었다. 지금 같이 방사능이 녹아있는 물은 일정 조건에서 방사성분해(radiolysis)라는 아주 복잡한 방사선-화학 반응(radiation-chemical reaction)을 일으키는데, 기술자들은 이 반응으로 폭발성이 강한 산소가 나온다라는 사실에 주목하게 된 것이다. 불꽃이나 자연 발화 등 조건이 맞아 떨어지면 이 산소와 핵연료 피복관에서 생성된 수소가 반응하여 연소할 수 있기 때문이다. 연소가 빨리 일어나면 폭발이다.

원자로용기의 위치가 중요하여 다시 말하는데, 핵연료를 둘러싸고 있는 일종의 통이기 때문에 당연히 방사능에 오염되어 있으니까 격납용기 안에 들어있다. 그렇다보니 원자로용기에서의 수소폭발은 격납용기 폭발로 이어질 수 있다. 격납용기는 방사능의 마지막 방패막이다.

그런데 여기 원자로용기와 같은 환경에서는 위에서 말한 폭발성 산소가 나오는 방사성 분해와 동시에 수소분자(H_2)와 산소분자(O_2)가 결합하여 다시 물(H_2O)이 되는 재결합 반응(recombine)이 동시에 일어난다. 즉 방사성분해→재결합반응→방사성분해→재결합반응 이 연속해서 일어나는 것이다.

기술자인 헨드리 위원장은 스태프들에게 방사성분해와 재결합작용 둘 중 어느 것이 더 활발히 일어나는가를 계산하라고 지시하였다. 방사성분해가 재결합반응보다 더 많이 일어나면 산소가 남으니까 폭발의 위험이 있고 그렇지 않으면 산소가 남아있지 않아 안전할 것이기 때문이다.

위원장의 지시를 받은 NRC 스태프들은 이 와중에 갑자기 계산을 할 수는 없고 미국 전역의 유명 전문가들과 접촉하여 자문을 청하였다고 한다. 그러나 원자력 발전소에서나 있는 복잡하고 독특한 상태에 대한 연구가 그 당시 제대로 되어있을 리 없었다. 그러나 과학기술자들은 이럴 때 "난 모른다."라고 말하지는 않는다. 이런 저런 생각이 떠오르기 때문이다. 접촉한 전문가마다 수소폭발 가능성에 대한 판단이 달랐다.

지적하고 싶은 사실 하나는 이런 와중에 NRC 스태프들은 설계회사인 밥 앤드 윌콕스(Bob & Wilcox)와 접촉하지 않았다. 왜 그랬는지는 기록이 없다. 필자가 추측하자면, 설계회사와 설계를 검토하고 승인하는 규제기관 사이에는 기술우위와 힘의 우위가 얽힌 묘한 경쟁관계가 있는데, 혹시 당시 NRC가 밥 앤드 윌콕스의 설계 실수를 스스로 잡아내려는 일종의 공명심(功名心)이 있지 않았나 상상해본다.

모두가 우왕좌왕 하면서 다음 날, 사고 3일째 금요일을 맞았다. 주지사의 소개 권유에 따라 주민 7만 명 이상이 대피한 비상사태 이지만 수소폭발 가능성에 대한 판단은 전국의 기술자들 사이에서 설왕설래 할 뿐 주무 부서인 NRC가 결론을 내지 못하고 있었다. 처음으로 당한 원전 사고에서 극단적으로 중요한 기술적 판단을 내릴 수 없는 당시의 상황은 생각만 해도 끔찍하다.

그런데 3월 31일 토요일, 사고 나흘째, 헨드리 위원장이 갑자기 기자회견을 하겠다고 나섰다. 수소폭발에 대한 결론이 나지 않은 등 NRC 내부에서조차 정리 안 된 것이 많은 상태에서 위원장이 기자회견을 자청하는 이상한 일이 발생한 것이다. 그런데 이 기자 회견이 당시의 혼란을 가중시키고 전 세계인에게 원전의 공포심을 갖게 만든 비극적인 사건이 되고 말았다.

헨드리 위원장이 사고 진행 상황을 대충 브리핑하고 나서 기자들과 질의응답을 했는데, 기자의 유도신문에 말려 "그렇다. 지금 원전에는 수소버블이 존재한다. 그런데 그 수소버블은 최악의 경우에는 폭발할 수 있다"라고 발언을 한 것이다. 덧붙여 "지금까지 정부의 공식적인 발표가 어떻든 간에 지금 원전 내에 폭발할 수 있는 수소버블이 있는 것은 사실이다"라고 말해버렸다. 미국 규제기관의 대표가 공개적으로 수소폭발의 가능성을 선언하자 기자회견장은 순식간에 얼어붙었다. 수소폭발은 마치 수소폭탄과 비슷한 느낌을 주어 더욱 그랬다. 그러면 어떻게 해야 하는가의 질문에 그는 펜실베이니아주의 전 인구가 20마일(32km) 밖으로 소개 되어야 할 것이라고 말했다.

이 발언은 물론 전 세계에 즉각 보도되었다. 기자들이 구태여 자극적이거나 선동적인 표현을 쓰지 않더라도 이 발언은 세상을 발칵 뒤집어놓기에 충분했다. 모든 사람들은 방사능에 의한 피해 정도가 아니라 수소폭탄이 터져 미국 전체가 쑥대밭이 되는 공포에 휩싸였다. 사람들은 원폭 중에서도 가장 위력이 강한 수소폭탄을 생각하며 떨리는 가슴으로, 그러나 무엇을 어떻게 해야 하는 것인지 모르는 말 그대로 공황 상태에 빠져버렸다.

위기를 느낀 카터 대통령은 즉시 중대 결심을 한다. 다음날 당장 사고 현장을 자신이 직접 방문하겠다는 것이다. 커터는 동요하는 민심을 수습하는 최선의 방법으로 수소폭발이 일어날 지도 모르는 원전 사고 현장을 자신이 방문하는 수를 선택한 것이다. 역시 미국 대통령다운 용기 있는 결정이라고 하지 않을 수 없다. 백악관 참모들은 바짝 긴장했고 NRC 스태프들의 격론은 더욱 긴박해졌다. 수소폭발이 일어나 방사능 범벅이 될지도 모르는 원전 사고 현장에 대통령이 당장 내일 아침 방문하겠다는 것이다.

그런데 NRC 역사가 워커는 이 공황 상태의 종결을 너무나 간단하고 담백하게 이야기한다.

NRC 위원장과 달리 수소폭발이 불가능하다고 확신했던 실무 책임자인 스텔로(Victor Stello)가 이름이 알려진 교수나 박사가 아닌 진짜 실력이 있는 전문가들 그리고 발전소 설계회사인 밥 앤드 윌콕스와 가압수형 원전의 설계 경험이 많은 웨스팅하우스(Westinghouse) 사고 분석 팀과 미팅을 하였다. 토요일 오후였다. 사고 후 4일간 스스로 해결하려고 노력했던 NRC가 대통령 방문이라는 긴박한 상황에 직면하여 실무 연구자들과 설계회사의 도움을 받기로 한 것이다. 그런데 이 미팅의 결과는 너무나 간단명료했다.

이들은 너무나도 쉽고 간단하게 가압수형 원전에서는 수소폭발을 일으키는, 즉 폭발성이 있는 산소는 전혀 발생하지 않는다는 것을 확인한 것이다.(They confirmed his〈Stello's〉 opinion that there was no evolution of free oxygen in the bubble at all.)

즉 가압수형 원전의 압력용기에서는, 산소를 발생시키는 방사성분해와 산소가 수소와 결합하여 다시 물이 되는 재결합반응이 거의 동시에 일어나기 때문에 수소폭발을 야기하는 산소는 있을 수 없다는 결론이었다. 이들의 설명을 들은 NRC 스태프들은 이에 모두 동의하고 확신을 가졌다고 한다.

스텔로는 이 사실을 NRC 헨드리 위원장에게 보고했고 설명을 들은 헨드리 위원장도 금방 이해했다고 한다. 이 사실은 즉각 백악관에 전달되었고 모두들 편한 마음이 되어 대통령의 사고 현장 방문이 이루어졌다. 이를 계기로 극도의 공황 상태에 빠져 있던 민심은 회복의 실마리를 찾았다. 그러나 이틀 동안의 역대급 공포는 세상 사람들의 영혼 속에 깊이 박혔다. 아직까지도 강력하게 남아있는 원전 사고에 대한 트라우마의 효시가 되었다.

세계 원자력 협회(World Nuclear Association)는 이 과정 즉, NRC가 수소폭발이 일어날 것으로 오판하였고 위원장이 이 잘못된 판단을 마치 사실처럼 기자회견에서 밝힘으로써 엄청난 혼란을 불러일으킨 과정을 2001년 3월 발행한 TMI 사고 보고서에서 다음과 같이 점잖게 요약 정리했다. "발전소 원자로용기에 수소폭발을 일으킬 수 있는 산소가 나오지 않기 때문에 수소폭발이 결코 가능하지 않은데도, NRC 임원들은 얼마동안 수소폭발이 일어날 것으로 믿었다."("For a time, NRC officials believed the hydrogen bubble could explode, though such an explosion was never possible since there was not enough oxygen in the system.")

결국 TMI 사고는 아이러니하게도 가압수형 원전은 사고가 나도 인명과 환경의 피해는 없다는 사실을 실증해준 사고였던 것이다.

가압수형 원전의 안전성에 대한
이론적 연구

———————————— 전술한바와 같이 TMI 사고는 기계의 오작동(고장)과 인간의 실수가 8번 연속해서 일어난 기적 같은 사고였다. 그 8번의 사실을 열거한다.

감압밸브 고장(오작동①)→보조급수기 고장(오작동②)→운전원이 실수로 긴급노심냉각장치를 끔(실수①)→계기판에 모순된 신호가 표시됨(오작동③)→운전원이 2차 냉각장치에 물을 강제로 주입(실수②)→운전 중인데도 보조급수계통 밸브를 잠금(실수③)→가압기 밸브가 불완전하게 닫힘(오작동④)→가압기 방출밸브 신호 고장(오작동⑤)

이 연속된 기기의 고장과 인간의 실수에서 보듯이 사고가 난 40년 전의 기술 수준은 지금과 비교하여 매우 후진적이었고 운전원의 훈련과 사고 매뉴얼은 지금과 비교하면 정말 원시 수준이었다. 그리고 통신 상태가 미국 대통령이 누구와 전화 연결이 된 것이 "운이 좋았던" 수준이었다. 사실 원전을 돌릴만한 사회와 기술의 인프라가 전혀 안 되어있는 시대에 미국 특유의 도전 정신으로 원전을 시작한 것으로 보인다.

여기서 미국 사람들의 개척 정신이랄까 새로운 일을 과감히

질러버리는 도전 정신, 용기 같은 것을 느낀다. 나름 철저히 분석하되 너무 많이 따지지 않는다. 세계를 선도하는 이유 중의 하나가 아닌가 싶다.

한 말 또 하겠다. 전 세계를 공포의 도가니로 몰아넣었던 TMI 원전 사고의 피해가 놀랍게도 사망 0명, 부상 0명, 환경피해 0이었다. 그 후 10년간 시행된 조사 결과 암 등 성인병 증가율도 0%였다. 4ZERO였다. 그렇다. TMI 사고는 역설적으로 가압수형 원전이 얼마나 안전한가를 실제로 증명한 사고였던 것이다.

가압수형 원전에서는, 비등수형 원전과는 달리, 수소폭발이 일어나지 않는다는 사실을 원자로 설계회사가 그냥 감으로만 알고 있었고 체계적이고 이론적인 연구는 안 되어 있었다. 그러나 TMI 사고와 후쿠시마 사고 후에는 연구가 진행되었다.

관련 연구 논문의 내용 중 핵심이 되는 결론 부분 한 두 개씩 간단히 소개한다.

TMI에서 수소폭발이 일어나지 않은 이유를 이론적으로 설명하고 있는 논문 「An analysis of hydrogen bubble concerns in the three mile island unit-2 reactor vessel」은 1983년에 발표되었다. 〈Radiation Physics and Chemistry〉라는 최고 권위의 저널에 실렸다. TMI 사고(1979년) 4년 후이다.

[결론1]

운전이 정지된 상태에서 물이 끓는 16시간 동안, 방사성분해에 의하여 발생하는 최악의 수소와 산소의 발생량 중 산소 발생량은 최대로 수소의 0.7%이다. 수소폭발이 일어 날 수 없는 양이다.

(During the first 16 hr after shutdown, when boiling of the primary coolant water took place, in the worst case stoichiometric amounts of hydrogen and oxygen could have been produced by radiolysis, leading to a maximum amount of oxygen in the bubble, of 0.7% of the hydrogen, which is well below the explosion limit.)

[결론2]

물 끓는 것이 끝난 16시간 이후에는 방사선분해에 의한 산소는 더 이상 발생되지 않았다. 반대로 산소는 수소와 재결합하여 물이 됨으로써 5분 안에 완전히 없어졌다.

(After 16 hr period, when boiling had totally ceased, no further oxygen could have been produced by radiolysis of the primary cooling water. On the contrary, oxygen was recombined with hydrogen due to radiolysis at such a rate that oxygen in the water was completely removed in less than five minutes.)

즉, 원자로용기에 있는 물이 끓는 동안에는 산소가 나오지만 그 양이 수소의 0.7% 밖에 안 되어 수소폭발이 일어날 수가 없고 끓지 않을 때는 산소가 나오지도 않고 나와도 수소와 결합하여 물로 되어버린다는 연구 결과이다. 이제, 가압수형 원전에서 수소폭발이 일어나지 않는다는 사실은 TMI 사고에서의 실증과 본 연구로 확실히 증명 되었다.

．

그 후 1986년에 체르노빌에서 인류 최악의 원전 사고가 났는데 전술한바와 같이, 격납용기가 없는 등 전반적인 설계 개념부터 안전을 무시한 엉터리 발전소였고 또한 소련 당국이 일체의 데이터를 공개하지 않아 서방 세계에서는 이 사고에 대한 연구가 거의 없다.

그러나 비등수형 원전에서 소규모 수소폭발은 계속 보고 되고 있었다. 즉, 2001년 11월 7일 비등수형 원전인 일본 하마오카(浜岡) 1호기에서 수소폭발에 의해 파이프가 터지는 사고가 있었다. 그리고 동년 12월 14일 독일의 브룬스뷔텔(Brunsbüttel) 비등수형 원전에서도 파이프가 파손 되는 등 비등수형 원전에서 수소폭발이 원인인 사고가 8번이나 발생하였던 것이다. 가압수형 원전에서는 이런 보고가 전혀 없다. 60년 동안 전 세계에서 단 한 건도 없다.

이렇게 2011년 후쿠시마 사고 전에 대규모 수소폭발의 징후가 여러번 있었고 연구도 진행되었지만 아무도 크게 주목하지 않았다. 그러다가 체르노빌 같이 엉터리 원전이 아닌 후쿠시마 비등수형 원전에서 사고가 나니까 위에서 말한 8번의 수소폭발이 주목을 받게 되어 조금씩 연구가 진행 되었다. 그 중 하나가 후쿠시마 사고 5년 후인 2016년에 발표된 「Root cause study on hydrogen generation and explosion through radiation induced electrolysis in the Fukushima Daiichi accident」논문이다. 이 논문의 핵심 결론은 이렇다.

[결론]

외부 전원이 모두 끊겼을 경우에, 비등수형 원전에서는 원자로 용기에서 수소를 조기에 안전하게 제거하는 것이 필수적이다.

(Upon SBO, early safe disposal of hydrogen from RPVs is indispensable in BWRs.)

원자로용기 내에서의 산소 발생과 수소폭발에 관련된 현상 즉, 방사성분해와 재결합반응이 가압수형과 비등수형에서 다르게 일어나는 사실이다. 여기서 일어나는 디테일한 기술적인 과정은 필자도 잘 모른다. 독자들도 필요 없을 것이다. 다만 비등수형은 가압수형과 달리, 원자로용기 내에 기체인 수증기가 존재하고 또 이 수증기로 직접 발전기를 돌리다보니 열린회로(open circuit)라는 사실만 지적하고 넘어가겠다.

우리는 여기서 수소폭발에 관한 결론을 내릴 수 있다. 가압수형 원전과 비등수형 원전은 구별되어야하며 가압수형은 비등수형과는 달리, 수소폭발의 가능성이 없다. 따라서 사고가 나더라도 격납용기의 건전성은 유지되어 인명과 환경피해는 발생하지 않는다는 사실이 실제와 이론으로 증명 되었다.

사고 대처 시간 : 후쿠시마 1시간 6분. 한국형원전 18~30시간

──────────────── 위에서 후쿠시마 원전 사고시의 이동식 비상발전기에 대해 이야기했다. 외부 전원과 비상발전기 그리고 배터리마저 못 쓰게 되었을 때를 대비하여 차에 실어 놓고 있는 발전기이다. 후쿠시마에서는 차량 기사가 규정을 어겨 멀리 가 있다가 지진과 쓰나미로 교통이 막혀 오지를 못하였다. 수소폭발 전에 이 이동 비상발전기가 현장에 오기만했어도 물론 후쿠시마 원전 사고의 비극은 일어나지 않았다.

여기서 사고 대처시간의 중요성이 떠오르지 않을 수 없다. 후쿠시마 핵연료에서 수소가 나오기 시작한 것은 3월 12일 14:30이었고 폭발이 발생한 것은 같은 날 15:36이었다. 불과 1시간 6분만이었다. 일본 정부도 길이 막혀 오지 못하는 이동식 비상발전기를 빨리 가져오기 위해 최선을 다 했을 것이다. 군에 연락하여 시누크 헬기를 동원한다든가 등. 그러나 예상치 못한 일을 당하여 준비 안 된 조치를 취하는데 1시간 6분은 너무 짧은 시간이었을 것이다.

그런데 한국형원전을 포함한 가압수형 원전에서는 그 시간이 무려 최소 18시간에서 30시간이나 된다. 왜 그런가를 간단히 설명하면 이렇다.

우선 수소가 폭발하려면 공기 중 수소의 비중이 4~10%가 되어야한다. 실제로는 10% 정도가 되어야 폭발하지만 설계할 때는 4%로 잡는다. 그래야 안전하니까. 그런데 한국형원전의 격납용기 체적은 94,000m³으로서 15,400m³인 후쿠시마 격납용기 체적의 6배이다. 10배가 되는 경우도 있다. 발전소마다 조금씩 다르지만 일반적으로 가압수형의 체적이 비등수형보다 이 정도로 크다. 크다보니 폭발이 일어날 만큼의 수소가 차는데 시간이 더 걸리는 것이다.

더욱 중요한 것은 핵연료 피복관인 지르칼로이 합금에서 나오는 수소의 양이다. 비등수형 원전에서는 가압수형보다 약 3배의 수소가 더 나온다. 비등수형 원전의 지르코늄(지르칼로이 합금의 성분)의 양이 가압수형보다 약 3배가 많기 때문이다. 그 이유로는 여러 가지 핵물리 및 열수력적 요인이 있는데 여기에서 설명하진 않겠다.

결국 한국형원전에서는 후쿠시마보다 격납용기 체적에서 약 6배 이상 그리고 수소발생 양에서 3배의 시간을 번다. 수소발생이 되지도 않지만, 된다 해도 최소 18시간, 최대 30시간의 대처시간을 갖게 된다. 그냥 감으로 판단해도 18시간이면 국내에서 못할 일이 없을 것 같다.

어떤 독자는 수소발생이 없다면서 뭐 이런 대처시간을 따지느냐 혹시 자신이 없는 것 아니냐라고 의심할 수 있다. 세상만사가, 인간의 마음이 어디 그런가. 확실해도 할 수 있는 한 모든 것을 파악하고 준비해 놔야한다.

준비해 놔야한다는 마음은 이것뿐이 아니다. 격납용기 천정에는 수소를 태우는 점화기(igniter), 수소를 산소와 결합시켜 물로 만들어 버리는 열 환원기(thermal recombiner)와 수동형 환원기(passive recombiner)가 잔뜩 설치되어있다. 전기가 다 나가도 수소를 물로 만들어버린다. 후쿠시마에서는 점화기만 있었는데 전기와 배터리가 나가버리니 무용지물이 되었다. 후쿠시마의 비극은 안일하기 짝이 없는 설계가 원인이었음을 통렬히 지적하지 않을 수 없다!

그리고 지금 필자가 주장하는 것은 사고가 나도 인명과 환경 피해로 이어지지 않는다는 것이지 아예 사고가 나지 않는 다는 것이 아니다. 사고가 나면 막대한 경제적 손실이 나는 것은 피할 수 없다. 다만 60년 동안 1979년 미국 TMI에서 딱 한 번 났을 뿐이다. 확률이 영(零, 0)에 수렴한다.

평생 원전 개발과 설계를 하면서 느낀 것은, 이러한 순전히 기술적인 일에도 기술의 고도화만이 아니라 그 대상에 대한 애정이 필수적이란 사실이다. 한국형원전이 세계 최고의 원전으로 진화된 것은 기술의 발전뿐만이 아니라 "우리나라에 건설되는 원전"이라는 우리 기술자들의 애정이 서려있기 때문이라고 생각한다. 현학적인 수사(修辭)가 아니라 기술현장에서 오랜 세월 파묻혀 살면서 자연스럽게 배어나오는 느낌이다.

체르노빌 원전에 대하여

———————————— 필자는 원자력에 관한 이야기를 할 때 체르노빌 원전을 언급하는 것이 싫다. 왜냐하면 원전답지

가 않기 때문이다. 미국과 유럽 그리고 한국과 일본 등 서구에서 사용하는 원전은 모두 미국이 처음으로 개념을 잡고 발달한 원전인데, 깊이 들어가 보면 미국 사람들의 세심한 인본주의가 느껴져 경외심이 든다.

이에 비해 구 소련이 개발한 체르노빌 원전은 야만적일 만큼 안전성을 무시했다. 기술자들끼리는 남의 설계에 대한 비판을 꺼리는 경향이 있다. 그러나 체르노빌 원전에 대해서만은 예외다. 형편없는 설계("totally flawed design" 심지어는 "inhumane concept of design")라고 혹평하는데 망설임이 없다.

예를 든다면, 우리가 지금까지 계속 이야기한 격납용기가 사실상 없다. 상가 건물 비슷한 것이 있을 뿐이었다. 필자가 분개하는 것은, 격납용기는 항공기와의 충돌은 물론 미사일에도 끄떡없는 설비이지만 근본적으로는 튼튼하게 만든 콘크리트 구조물에 불과하다. 그렇다보니 첨단기술도 아니고 돈이 많이 드는 것도 아니다. 인명과 환경에 대한 관심의 문제일 뿐이다. 이것 하나 제대로 설치하지 않아 1986년 사고 시 많은 사람이 죽고 엄청난 환경파괴가 일어났다.

당시 인명피해를 요약하면 다음과 같다. 환경 파괴도 심각하여 사고 36년이 지난 아직까지도 사람이 들어가 살지 못하고 있다.

***현장 사망: 3명**(즉시 2명, 병원 이송 1명)

***2-3주 후 사망: 28명,**

***2004년까지 사망: 12-19명**(발병 원인에 대한 판단에 따라 차이가 있음)

***아이들 갑상선 암 발생 크게 증가**

(Chernobyl Accident 1986. World Nuclear Association, Updated Nov. 2016)

러시아도 체르노빌 사고 후에 크게 반성하여 체르노빌의 비등수형(RBMK) 원전을 폐기하고 가압수형 원전으로 대체하였다. VVER이라고 부른다. 이 가압수형 원전은 한국형원전보다는 많이 부족하지만 그래도 어느 정도 품질이 되는 격납용기가 있는 등 체르노빌 보다는 훨씬 나아졌다. 우리들이 원전의 안전을 생각할 때 체르노빌을 고려하는 것은 의미가 없는 것이다.

가압수형 원전의
안전성 결론

———————————— 지금까지 필자의 주관적 판단을 최대한 배제하고 객관적 사실(fact)을 소개함으로써 가압수형 원전의 안전성을 알리려고 노력했다. 그러나 이렇게 긴 이야기는 사실상 별 필요가 없다. 아래의 짧은 말로 충분하다.

가압수형 원전은 1957년부터 60년간 지금은 전 세계에서 300여 기가 가동 중인데 사고는 1979년에 딱 한번 났다. 그런데 그 사고로 인명과 환경 파괴가 전혀 없었다. 왜 그런지가 이론적으로도 증명되었다. 더 이상 말이 필요한가?

최근에는 미국 NRC가 한국형원전 APR-1400에 대하여 설계인증을 했다. 설계인증은 "이 원전은 설계 개념상 안전하다"고 확인해주는 것이다. 원전을 가지고 있는 나라는 모두 NRC로부터 설계 인증을 받고 싶어 한다. 마음이 편할 뿐만 아니라 수출할 때 유리하기 때문이다.

NRC가 외국원전에 대해 설계인증을 한 것은 한국이 유일하다. 일본과 프랑스도 받지 못했다.

한국형원전 이만하면 된 것 아닌가? 세상에 이보다 더 안전한 발전설비가 있겠는가! 그래도 겁나서 원전을 안 짓는다?

석유와 석탄은 미세먼지와 지구 온난화의 주범인 것을 우리는 다 안다. 석탄 소비에 대한 재미있는 통계가 눈에 띠어 소개한다. 글로벌 에너지 기업인 BP에 의하면 한국의 2018년 석탄 소비량은 2016년에 비해 8.2% 증가하였다. 원전 비중이 2016년 30%에서 23.4%로 감소하였기 때문이다 (조선비즈. 2019.8.19). 그런데 2017년 한 해 동안 석탄을 캐거나 채석 작업 중에 죽은 사람이 무려 417명이나 된다 (통계청: 사망재해현황-발생 형태별). 그런데 전해인 2016년은 323명이고 2015년은 389명, 2014년은 363명이다. 3년 평균이 358명이다. 원전 비중이 줄어 석탄 소비가 늘은 2017년에 이전 3년 평균보다 59명이 더 죽었다. 채석에 의한 사망을 반으로 봐줘도 원전 비중을 줄인 대가로 사람이 30명쯤 죽었다는 합리적 추정을 할 수 있다. 석탄에 의한 환경 파괴는 제외하고 순전히 사고사만 봐도 탈 원전 하지 않았으면 죽지 않았을 꽤 많은 사람들이 죽었을 수 있다는 사실이다. 원자력 발전에 의한 사망자가 한 명이라도 나왔으면 정부와 시민단체들 난리가 났을 것이다. 환경을 위해서도 안전을 위해서도 탈 원전은 진짜 궤변이다.

2017년 한 해 동안 자전거 타다가 죽은 사람만도 물경 265명이다(통계청: 사고유형별 자전거 교통사고 현황). 고리 1호기 원전이 가동 시작한 1978년부터 작년 2018년까지 40년 동안 교통사고로 죽은 사람이 30만 명이 넘었다. 한 도시의 인구다. 석기시대 말고는 이런저런 사고로 죽는 사람이 없을 수 없다. 석기시대에도 굴러 내리는 돌에, 맹수에 물려 죽는 사람들이 있었을 것이다.

세상에서 가장 안전한 것이 가압수형 한국형원전이다. 그런데 원전이 이렇게 안전하지 않더라도 우리는 해야 한다. 철저히 에너지 빈국인 우리나라의 에너지 안보는 물론 미래 세대를 위한 에너지를 확보 해 놔야하기 때문이다. 일본은 원자폭탄을 얻어맞은 세계 유일한 국가이고 후쿠시마에서 상처를 입었지만, 정치인에 따라 다양한 주장이 나올 뿐 탈 원전 한다는 말은 전혀 없다. 이유는 간단하다. 원전이 값이 싸고 에너지 안보에 유리해서 국가 경쟁력에 도움이 되기 때문이다. 만일 우리나라가 일본 같이 원자폭탄을 맞고 원전 사고를 당했다면…. 친원전 주장자는 살인마가 되고 원자력에 대한 가짜 지식과 가짜 뉴스의 생산 공장인 파괴적 환경 논자들이 정권을 잡았을 것이다. 그리고 우리나라는 아시아의 베네수엘라를 향해 돌진하고 있을 것이다.

태양광 발전에 의한 인명 피해는 아직 통계가 눈에 띠질 않는데, 얼마 전 KBS는 태양광 발전의 산림파괴와 비리에 대한 보도를 했다가 청와대한테 혼난 적이 있다.

2장

탈 원전은
근거 없는 정책이다.
왜 그런가?

자원 빈국의
몸부림

──────────────────────── 우리나라는 4계절이 뚜렷하고 물이 맑은 나라이지만 산이 차지하는 면적이 65%나 되고 천연 자원이 거의 없어 식량과 에너지 면에서는 박복한 나라이다. 에너지 빈국에서 탈피해야 한다는 열망은 1953년 미국 아이젠하워 대통령이 "평화를 위한 원자력(Atoms for Peace)"을 제안하면서 우리도 원자력을 해보자는 의욕으로 연결 되었다. 당시 6·25 전쟁 참상에서 벗어나지 못한 국민소득 $70~80의 세계 최하위 빈국 이었지만, 1957년 이승만 대통령이 미국에게 사정하여 트리가 마크Ⅱ(Triga MarkⅡ)라는 연구용 원자로를 도입한 것이다.

감히 상업용 원자로를 들여올 것은 꿈도 못 꾸다가 1960년대 박정희 대통령에 의한 기적적인 경제성장이 이루어져 약간의 여유가 생기자마자 원자력 발전을 결심한다. 1971년 고리에 미국 웨스팅하우스 원전을 착공하여 1978년에 완공했다. 물론 설계에서 시운전까지 모두 웨스팅하우스에서 해주고 우리는 열쇠만 넘겨받아 운전하는 턴키(turn key) 방식이었다. 지저분한 석유나 석탄을 쓰지 않고 나오는 깨끗하고 값싼 전기에 모두 황홀해 했다.

그러나 원전을 설계하는 기술은 외계인이나 할 수 있는 기술

정도로 알고 그 후에도 아무 생각 없이 10기의 원전을 사왔다. 미국뿐 아니라 프랑스와 캐나다에서도 사왔다. 돈만 보면 삼키고 싶어 하는 한국 사람들인지라 정치자금 소문이 꾸준히 나돌았다. 원전 수출은 많이 남는 장사인데다가 수입국은 수출국에게 일종의 약점이 잡히는 시설이다. 우리는 1980년대 접어들어 경제가 좀 좋아지자 이 약점이 참기 어려운 수준이 되면서 한국형원전 개발의 갈증이 강해졌지만 워낙 넘기 어려운 기술인지라 속만 태웠다. 원전은 사실상 자원 보다는 기술만 있으면 전기가 생산되는 시설인데 기술을 사올 돈도 없었고 파는 나라도 없었다. 세상에 기술 원조를 해주는 나라는 없다.

국민소득이 $2,000~$3,000이던 1980년대, 가난과 심한 소득 격차 그리고 정치적 억압과 민주화 욕구로 나라 전체가 불안하던 시대, 미국의 원전 기술 무기화를 견디지 못한 통치자의 즉흥적인 지시로 한국형원전 개발 사업이 시작은 되었으나 막상 정부나 한국전력(이하 한전)은 의지가 없었다. 기술개발에 대한 의지가 없는 정도가 아니라 싫어하고 방해했다. 당시 정부와 한전의 원자력 계는 미국 웨스팅하우스의 끄나풀들이 장악하고 있었으니까 그랬다. 필자가 만들어 쓰는 조어(造語)로 '기술매판' 세력들이다.

사사로운 성공의 뒤에도 으레 숨은 희생이 있기 마련이다. 하물며 원전 기술 자립과 상업화라는 국가적인 큰일을 세계 유일하게 성공 시키는데 어찌 숨은 희생이 없었겠는가. 더군다나 정부와 한전이 비협조적이고 적당히, 때로는 노골적으로 방해까지 하는 상황에서 말이다. 우리는 열심히 한 것이 아니라 너무 무리했다. 필자도 일을 성공시켜야한다는 강박관념에 휩싸여 살았다. 10여 년간 퇴근 시간도 따로 없고 휴가도 없는 황량하고 미련한 생활이 혹시 아내가 50대에 세상을 뜨고 아이가 어려운 질병으로 오래 고생한 원인은 아닌지 쓰라린 회한이 가슴을 친다. "그래도 우리가 큰일 하나 했잖아!"하며 자위하고 살았는데, 문재인 정부가 들어서서 원전을 마치 국민의 안전을 위협하는 못된 물건 취급하여 없애겠다고 나오는 것을 보면서, 참으로 김이 샌다. 한번 동료후배들과 한 잔 하고난 다음날, 몸 어딘가 깊은데서 뿜어져 나오는 것 같은 서러움에 그냥 목 놓아 운적도 있다.

기술을 개발하고 이를 상업화하는 주체인 회사와 연구소를 망나니 보듯 째려보고 전문가를 사기꾼으로 취급하여 상대도 않고 그저 노조, 최저 임금, 근무시간, 임시직 등 과거 정권이 만들어 놓은 경제 기반을 이용하여 복지 정책을 강화하는 데에만 열심인 사람들. 최근에 일본한테 당하고 나서야 정신이 조금 들은 것 같다. 도대체 나라의 앞길을 고민하는 국정 철학이 보이질 않는다. "없는 건지, 내가 모르는 건지." "야! 이 나쁜 사람들아! 원자력 기술은 고스톱 쳐서 나온 게 아냐. 도와주지도 않은 사람들이 방해만 해!"

우리가 가지고 있는 원자력 기술의 중요성을 이야기하려다보니, 그리고 이 기술을 너무나 가볍게 보는 정권 인사들을 비난하려다보니 기술 개발의 이야기를 조금 했다. 말 나온 김에 기술 개발보다 전혀 덜 중요하지 않은 아니 더 중요한 상업화 이야기도 잠깐 하겠다.

이렇게 어찌어찌하여 원자력 발전 기술이 개발되었다. 그러나 우리는 기술개발에 만족하지 않았다. 그러고 싶지 않았다. 상업화를 해야 한다고 생각했다. 기술 개발이 곧 상업화는 아니다. 크게 다르다. 기술 개발의 결과물은 보고서이고 상업화의 결과물은 상품이다. 여기서 상품은 원전이다. 보고서에서 실제 원전으로 넘어가는 과정은 복잡하고 어렵고 엄중한 책임이 따른다. 전 삼성전자 부회장을 지낸 윤종용 씨가 이에 대해 한마디 한 기사를 봤다. "연구·개발과 제품 상용화 사이에는 '죽음의 계곡'이 있다."(조선비즈 2019.8.16). 실제 해본 사람이 아니면 할 수 없는 이야기다. 개발된 기술의 사업화 성공률이 한국은 20%라는 통계도 있다. 쉽게 말해 기술 개발을 해봤자 유용하게 써먹는 것은 열 중에 둘밖에 안되고 나머지 80%는 소용이 없다는 뜻이다. 미국과 영국은 약 70%이고 일본도 54%로써 우리의 두 배가 넘는다.

당시 우리나라에는 원전 기술을 상업화 하라는 사람은커녕 하지 말라고 협박하고 야유하는 사람들만 있었지만, 우리는 스스로 그 무거운 책임을 떠맡았다. 그리고 멋지게 성공했다. 1998년과 1999년에 준공되어 지금까지 20년간 사고는 물론 큰 고장 한번 없이 운전 중인 명품 원전 한국형원전 1호기인 울진 3·4호기다.

우리 기술 개발로
웨스팅하우스 몰락

─────────────── 우리의 원전 기술 상업화 성공은 당시 웨스팅하우스의 몰락을 의미했다. 유일한 고객인 한국이 떨어져 나가는 것이었으니까. 이야기 나온 김에 웃기는 일화 하나 소개한다. 울진 3·4호기를 우리가 단독으로 설계해야 한다고 주장하고 다닐 때, 잘 알고 지내던 웨스팅하우스의 한국계 간부가 간청하여 사우나를 함께 간 적이 있다. 그는 사우나 안에서 이런 말을 했다. "박사님이 앞으로 2개월 동안만 울진 3·4호기를 한국이 독자 설계하겠다는 주장을 하지 않으시면 회장님이 큰 것 한

장을 주겠다고 한다." 나는 소스라치게 놀랐다. 뇌물을 제의한 것에 놀란 것이 아니라 몇 년 전 미국 윈저에서 산책하며 했던 이야기를 다시 하는데 놀랐다. 폐론하고 솔직히 큰 것 한 장이 얼마였을지 지금도 궁금하다. 이때 재미있는 이야기가 많은데 그 일부를 3장과 4장에 '대한민국 기술 독립 선언의 현장'과 '미국의 핵 정책을 넘어'라는 이름으로 첨부했다.

결국 울진 3·4호기를 지음으로써 한국은 세계에서 네 번째로 명실상부한 자국(自國) 원전(OPR-1000)을 가진 나라가 되었다. 이를 시작으로 한국에 짓는 모든 원전(18기)이 한국형원전으로 건설되었으며 북한에 짓는 원전을 한국형원전으로 해야 한다고 세계를 향해 큰 소리쳤다. 2009년에는 그 후 후배들이 개량하고 업데이트한 차세대 명품 원전 APR-1400을 UAE에 4기나 수출하는 개가를 올렸다. 경쟁에서 우리에게 밀려난 나라가 미국, 일본, 프랑스이다 보니 세계인들에게 우리나라가 이런 나라들과 맞먹는 느낌을 주었다. 세계가 놀란 것은 물론이다. 계약금은 20조 원이었고 앞으로 제공되는 기술 서비스의 대가로 두고두고 약 20조 원 이상이 더 들어올 수 있었다. 이런 수출이 10건만 이루어지면 세금 더 걷지 않고도 복지국가가 될 수 있다. 국제사회에서 위상도 크게 높아질 것이다.

원전 수출의 이점은 단순한 경제적인 것에만 있지 않다. 원전을 수입한 나라는 어쩔 수 없이 수출한 나라에 의지하게 된다. 많은 돈을 주면서도 수출국 쪽으로 기울어진 밀접한 관계가 형성되는 것이다. 우리가 기술 없이 외국 원전을 수입한 오랜 세월 당했던 바로 그 수모와 낭비가 이제는 거꾸로 되었다. 기술의 마력이다. 그렇다보니 해방 후 지금까지 원전을 건설하고 원자력 기술을 보호하고 발전시키는 데는 좌·우 정권이 다르지 않았다. 오직 문재인 정부만 훼방을 놓는다.

평생 반핵을 주장했던 김대중 대통령과 노무현 대통령도 재임 중 원전 건설을 각자 4기씩이나 확정하고 또 승인했다. 당연한 말이라 거론하는 자체가 어색하지만, 자신의 평생 소신보다는 국가이익이 더 중요했기 때문이리라. 김대중 대통령과 노무현 대통령은, 말로는 반핵을 외치면서도 사실은 원자력 전문가를 옆에 두고 싶어 했다. 김 대통령은 필자를 동교동 자택으로 불러 권노갑, 이종찬과 함께 저녁밥을 같이 먹은 적이 있는데, 당시 선거업무 총괄을 맡은 서울시 부시장에게 국회에 원자력 전문가가 필요하다며 필자를 전국구 의원 시키라고 지시했으나 당시 김 대통령과 갈라서 있던 노무현 최고가 안 놔주어 못했다고 한다.

노무현 최고는 대통령이 되기 전에 필자와 여러 번 만나 원자력 이야기를 했는데, 이미 평화적인 목적의 원자력은 물론 무기 차원의 원자력 기술도 포기하면 안 된다는 생각을 가진 것으로 느껴졌다. 원자력 전문가가 국회에 꼭 필요하다며 필자를 열심히 꼬셔서 선거비용 전액을 대 주며 대전 유성에 출마시켰다.

두 분이 그랬으니 정치적 궤도가 비슷한 문재인 후보도 대통령이 되면 당연히 그럴 것이라고 확신했었다. 그러나 정반대인 것을 보고 놀랐고 지금도 놀라고 있다.

한국형원전의 개발과 상업화 과정을 대충 이야기했다. 이제부터 탈 원전 정책이 그 내용과 과정에서 왜 국정교란 행위인지 따져보겠다.

탈 원전 이유
미스터리

──────────────── 우선 탈 원전을 하겠다는 이유를 도무지 모르겠다. 문재인 대통령은 당선 불과 한 달 뒤인 2017년 6월 19일 탈 원전을 선언했다. 그런데 그 이유가 지진에 의한 원전 사고의 가능성이라고 말했다. 그리고 원전 사고의 피해로 후쿠시마에서 1,368명이 사망한 것을 예로 들었다. 필자는 이 방송을 보면서 깜짝 놀랐다. 귀를 의심했다. 왜냐하면 '지진에 의한 원전 사고'와 '1,368명 사망' 모두 가짜 지식이고 가짜 뉴스였기 때문이다.

반복해 말하지만, 원전 사고란 핵연료에 물이 들어가지 않아 핵연료가 과열되어 녹고(meltdown) 수소가 나와 폭발하는 것이지 지진에 의한 물리력이 원인이 아니기 때문이다. 실제 후쿠시마에서 역사상 최대, 최악의 지진이 발생한 2011년 3월 11일 오후 2시 45분부터 쓰나미가 몰려와 비상 발전기가 침수되기까지 50분 동안 원전은 소소한 고장이 난거 같이 정상적으로 안전하게 관리되고 있었다. 지진이 원전 사고의 원인이 아니라는 직접 증거이다. 강조하지만, 후쿠시마에 규모 9.0의 지진과 15m의 쓰나미가 닥쳤지만, 비상발전기가 높은 곳에만 설치되어 있었거나 방수 처리되어 있어 침수되지 않았으면 사고 나지 않았다.

또한 1,368명 사망은 방사능 때문이 아니다. 사고가 난 2011년 이후 5년이 지난 2016년까지도 약 9만 9천 명이 피난 생활을 하고 있었는데, 오랜 피난 생활로 인한 스트레스와 질병 때문이라고 한다. 사망자가 나올 때마다 검시가 이루어졌지만 방사능 과다 피폭인 경우는 2016년까지 단 한 건도 없었다. 그러나 방사능으로 죽은 사람이 나왔는데 2016년 이후에 발병하여 2018년에 죽은 방사능 측정사 한 명뿐이라고 일본 정부와 UN산하 방사선 영향 과학조사위원회(UNSCEAR)가 발표했다(주간동아 인용 도쿄東京신문 2017.3.6). 일본 정부는 문 대통령이 1,368명이라고 인용한 수치가 잘못되었다며 유감을 표했다. 대한민국 대통령이 이런 가짜 뉴스로 국가의 큰 정책을 바꾸겠다고 연설을 한 것이다. 일본 사람들 자기들끼리 얼마나 웃었을까. 이런 것들이 우리를 깔보게 만드는 요인이 아닐 수 없다.

또한 문 대통령은 "설계수명이 다한 원전 가동을 연장하는 것은 선령(船齡)을 연장한 세월호와 같다"는 이야기도 했다. 틀린 사실을 억지춘향으로 갖다 붙인 것이다. 고리 1호기의 선령이 40년이 다 되어가니까 이 기회에 세월호라는 조커를 한 번 더 거론하고 싶었던 것 같다. 연설문을 써준 보좌관의 잔머리가 눈에 선하다. 후쿠시마 원전은 1971년부터 상업 운전 했으니 사고 난 2011년까지 만 40년이 된 것은 사실이다. 그러나 계속 이야기하지만, 후쿠시마 원전 사고는 비상 발전기가 침수되어 일어났다. 수명과는 아무 상관이 없다. 1979년 3월 28일 사고가 난 TMI 원전은 1년도 채 안 된 새 원전이었다.

요즘 미국은 40년 된 원전을 60년으로 수면 연장하는 데 그치지 않고 80년으로 하는 경향이 강력하다. 10여 년 전부터 "원전을 60년 쓰고 버리는 것은 낭비다"라는 이야기가 나오기 시작하더니 드디어 80년 연장이 가시권에 들어왔다. 미국 플로리다에 있는 터키 포인트(Turkey Point) 원전은 1972년에 완공되어 2012년까지가 40년 설계수명이었다.

이것이 60년으로 연장되어 2032년에 폐쇄하기로 되어있었는데 너무나 멀쩡하여 버릴 수가 없게 된 것이다. 터키 포인트 측은 작년(2018년 1월)에 20년을 연장하여 2052년까지 쓰게 해 달라고 NRC에 80년 수명연장 신청을 하였고 신청을 받은 NRC는, 세계 최초의 80년 수명 연장인데도 망설임 없이 초스피드로 리뷰를 진행하여 금년 중 최종허가를 할 계획이다.

터키 포인트 원전뿐만 아니라 펜실베니아주에 있는 피치 보텀(Peach Bottom) 원전과 버지니아 주의 서리(Surry)원전 등 미국의 원전 대부분이 80년 수명 연장 신청을 할 계획이라고 한다.

우리보다 훨씬 부자인 미국이지만 이렇게 알뜰하게 한다. 아니 알뜰하게 하니까 부자이다. 우리나라는 얼마나 돈이 많은지, 40년 됐다고 멀쩡한 원전을 싹둑 없애버리지를 않나 세금 7천 억 들여 새것 같이 만들어 잘 돌아가는 원전을 수명이 끝나기도 전에 없애려한다. 경제성이 없다고 하는데 거짓말인 거 같다. 그러니 트럼프가 한국은 돈이 많으니 방위비를 5배나 더 내라고 윽박지르는 것이다. 하긴 한국은 2조 6천 억을 버리느냐 마느냐를 비전문가들의 여론조사로 결정하는 나라이니 돈이 엄청 많은 나라인 것은 맞는 거 같다. 근데 왜 서민들은 살기 어렵다고 난리들을 치는지 원!

미국의 원전 수명 80년 연장을 보면서 놀라는 것은 미국의 환경 운동가들은 쥐죽은 듯 조용하다는 것이다. 한국 같았으면 가짜지식으로 유명해진 환경운동가들이 생난리를 쳤을 텐데 말이다. 이제 양심 있는 환경운동가라면, 적어도 이 책을 읽고 난 뒤로는 탈원전을 반대해야 한다. 한국형원전은 안전할 뿐 아니라 미세먼지를 전혀 내뿜지 않으니까 그렇다. 지금까지 그들이 유명해진 근거가 없어지는 문제가 있지만 말이다.

문재인 대통령은, 세계에서 유일하게 중간 기술 삽입 작전으로 돈 몇 푼 들이지 않고 기술을 자립하고 상업화에 성공하여, 국내에 짓는 원전은 물론 미국, 일본, 프랑스를 물리치고 수출까지 한 원전을 보유한 나라의 대통령이다. 뿐만 아니라 연구용 원자로를 개발하여 수출에 성공한(요르단) 나라이고 소형 원전을 선도적으로 개발한 나라의 대통령이다. 대한민국은 상업로와 연구로와 소형 원자로 세 종류 원자로의 모든 기술을 보유한 유일한 나라다. 문 대통령은 세계 7대 선진국이 공동으로 추진하는 인공 태양 개발 프로젝트의 기술 선두 주자인 나라의 대통령이기도하다.

필자 같으면 이런 나라의 대통령인 게 너무나도 자랑스럽고 영광일 것 같은데, 문 대통령은 아닌가 보다. 이것들을 계승 발전시키기는커녕 없애거나 약화 시키려고 하다니. "아무도 흔들지 못하는 나라를 만들겠다." 말은 멋있는데 어렵게 자립한 원전기술을 없애면서 말만 하는 건 아닌지.

세계적인 원자력 전문가 즐비
-사기꾼 취급해

──────────────── 한국의 원자력 기술과 경쟁력이 이렇다보니 한국에는 자연스럽게 최고의 원자력 전문가들이 생겨났다. 이름이 영어 이름이 아니라 세계 최고 같은 느낌이 안 들 뿐 실력은 세계 최고인 사람들이다. 그들은 모두 대통령이 부르면 감사한 마음으로 달려가 충성된 마음으로 자문하고 보고하고 보좌할 텐데, 문 대통령은 왜 이들을 활용하지 않고, 가짜 뉴스의 생산 공장인 일부 환경론자와 비전문가들의 말만 듣는가!

전기를 생산하는 장치를 생각하는데, 왜 정치적 좌우 성향이 영향을 미치는지 필자는 도대체 이해를 할 수 없다. 구태여 좌파 성향의 국가라고 하면 대충 러시아, 중국, 북한 같은 나라들일텐데 요즘 이런 나라들이 원전을 포함한 핵(核)에 훨씬 더 열심인데 말이다.

문재인 정부의 탈 원전을 당하면서 언젠가 본 집단사고(group-think)라는 단어가 생각났다. 찾아보니 이렇다. "집단 의사 결정 상황에서 집단 구성원들이 집단의 응집력과 획일성을 강조하고 반대의견을 억압하며 비합리적 결정을 내리는 의사 결정 양식."

여러 가지 면에서 국가에 해로운 탈 원전 정책을 뚜렷한 설명도 없이 밀어붙이는 이유가 바로 이 집단사고가 집권층에 만연되어 있는 것은 아닌지 불안하다. 노무현 대통령은 갑자기 전 연세대 총장을 비서실장으로 영입한 적이 있다. 코드가 전혀 안 맞는 사람이었다. 당사자가 대선 때 찍지도 않았노라며 고사했으나 거의 강권해서 옆에 두었다. 노 대통령이 이런 집단사고를 얼마나 경계하였는지를 보여주는 대목이다.

세간에는 대통령이 「판도라」라는 영화를 보고 탈 원전을 결심했다는 소문이 퍼져있다. 기사에도 났다. 필자는 이 소문과 기사를 믿지 않는다. 초등학생이나 중학생 아이를 데리고 영화를 보고 나면 "아빠. 저거 사실이야?"라고 묻는다. 아이들도 영화나 소설은 재미있게 꾸민 이야기라는 사실을 잘 알기 때문이다. 그런데 60대 성인이고 변호사이고 청와대 요직을 거쳤고 이제 세계적인 원자력 강국의 대통령인 사람이 영화를 보고 국가 원자력 정책을 결정한다는 게 말이 되는가! 난 믿지 않지만 이렇게 기사가 나오고 소문이 퍼져있으니 청와대에서 '아니다'라고 간단한 멘트도 하지 않으니 의구심이 증폭될 수 밖에 없다.

가장 근원적인 문제는 정권을 잡자마자 60년간 지속되어온 친원전 정책을 탈 원전으로 바꾼 이유가 분명하지 않다는 사실이다. 결정과정도 이상하지만 도대체 그 이유가 뭔지 모르겠다. 문 대통령이 탈 원전을 선언 할 때는 "지진과 1,368명", 즉 원전이 불안전하기 때문이라더니 2018년 UAE 한국형원전 건설 현장에 가서는 "우리 원전 기술의 우수성과 대한민국의 역량을 직접 눈으로 보니 자랑스럽다"고 말하고는 "양국관계에 신의 축복이다. 사우디아라비아에 원전 수주를 위해서도 노력할 수 있게 되었다"고 말했다. 체코 총리를 만나서는 "한국은 원전 24기를 운영하고 있는 40년 동안 단 한건의 사고도 내지 않았다. UAE에 건설한 바라카 원전도 사막이라는 특수 환경 속에서도 비용 추가 없이 공사기한을 완벽하게 맞췄다"며 한국 원전기술의 우수성과 경쟁력을 자랑했다. 체코보고 우리 원전을 사라는 것이다.

국가 정책을 세우거나 바꿀 때 정부는 그 이유를 국민에게 밝혀야 할 의무가 있다. 원전에 관한 정책은 지금의 국민 생활과 국가 경쟁력은 물론 미래 세대까지 영향을 미치는 중요한 정책이다. 이러한 중요한 정책을 바꾸는 이유를 확실하게 밝히질 않으니 유언비어 성 소문이 회자된다. 특히 북한과 관련지어 듣기에도 거북한 소문도 있다. 필자는 그런 말을 들을 때마다 그럴 리가 있느냐며 부정한다. 문재인 정부는 하루 빨리 탈 원전의 이유를 국민에게 소상히 알리기 바란다.

기적 같은 국제 경쟁력
-품질은 최고, 가격은 1/2~1/3

―――――――――――――――― 원전의 경쟁력은 당연히 가동률과 안전성과 가격이다. 가동률 즉, 고장과 연료 재충전 등으로 발전소가 쉬는 시간을 뺀 실제 전기를 생산하는 시간은 한국형원전이 세계 최고이다. 발전소와 시점에 따라 차이가 있는데, 얼마 전까지만 해도 한국형만 90%가 넘고 미국과 유럽과 일본은 70% 말에서 80% 중반 정도였다. 최근에는 미국 등도 90%가 넘는 가동률을 보이고 있다. 원전의 안전성에 자신감이 붙었기 때문이다. 1990년대 말과 2000년대 초반 한국형원전 가동 초기에는 한전이 원전을 무리하게 돌리는 것 아니냐는 비난도 있었지만 지금은 그런 말도 안 나온다.

원전의 안전성 평가는, 이론적인 분석도 중요하지만 실제 원전을 운영하면서 느끼는 안정감과 또 실제 조그만 사고라도 발생했느냐하는 실증(實證)이 중요하다. 울진 3·4호기는 1998, 1999년부터 가동하여 이제 20년이 됐는데 가벼운 고장 말고는 중대사고는 물론이고 사고라고 말할 수 있는 어떤 문제도 없었다. 심지어는 문재인 대통령까지도 한국은 원전 24기를 운영하고 있는 40년 동안 단 한건의 사고도 내지 않았다고 자랑을 한다. 40년은 외국에서 수입해서 돌린 기간까지 포함해서 이야기 한 것 같다.

아마 독자들도 어디에선가 "한국형원전이 품질은 최고다"라는 이야기를 들어봤을 것이다. 이런 평가는 전 세계 원자력계에 퍼져있는데, 이는 위에서 말한 오랜 동안의 실제 가동률과 안전성에서 자연스럽게 나온 평가이다. 그리고 최근에 미국 NRC가 한국형원전에 대하여 설계인증을 한 사실도 한국형원전의 안전성에 대한 객관적 평가의 일익이다.

경쟁력에서 가격을 빼놓을 수 없다. 긴 이야기하는 것보다 그냥 통계를 소개하는 게 좋을 것 같다. 2014년 국회 예산 정책처에서 일부 국가의 신형원전 건설비를 발표했는데 이렇다.

미국 : 640만원/kw

프랑스 : 560만원/kw

한국 : 231만원/kw

한국은 미국보다 물경 270% 싸고 프랑스와도 비교해도 240%나 싸다. 견적가라는 것이 비밀이라 필자가 직접 확인하지는 못했지만, 블룸버그(Bloomberg New Energy Finance Estimate(2018), Saudi Arabia Project)에 떠있는 원전 수출 4개국이 사우디에 제출한 견적가는 아래와 같다고 한다. 격차가 더 심한 것을 알 수 있다.

미국 : $11,638/kw

프랑스 : $7,809/kw

중국 : $4,364/kw

한국 : $3,717/kw

국회자료는 2014년에 작성된 것이고 사우디 견적가는 2018년도 것이니 4년이 흘렀는데 금액 차이는 비슷해 보인다. 한국은 미국보다 310% 싸고 프랑스 보다는 210%, 심지어는 중국보다도 싸다. 비슷한 물건의 값은 싸고 비싸봐야 20~30% 정도인 것이 보통인데 우리 원전은 200~300%나 싸다. 가동률과 안전성 즉 품질이 최고인 것은 이미 인정이 된 것이다. 미국과 프랑스 등이 바가지를 왕창 씌우나? 경쟁인데 그럴 수는 없다. 한전이나 한수원에서 이 원인을 분석했다는 이야기는 듣지 못했다. 필자의 분석은 이렇다.

원전 건설은 복잡하다. 원전 건설은 기술집약과 노동집약이 합쳐있다. 첨단 기술이 동원 되는 것은 물론이고 7~8년의 긴 공사기간 동안 연 인원 수 만 명의 노동자가 동원된다. 건설 과정은 크게 분류해서 설계와 인허가 그리고 제작과 시공인데, 제작과 시공에는 수 백 개의 중소기업이 참여하여 서로 얼기설기 유기적인 업무 협조가 이루어진다. 시공만 해도 대형 건설회사에 붙는 협력

업체가 수 십 개 이다. 원전 자체의 건설 작업뿐만 아니라 기계와 장비 등을 실어 나르는 운송업자도 있을 것이고 공사기간이 길다 보니 직원들 아파트와 학교, 유락시설 등도 세워야한다. 공사비가 수 십 조 단위이고 기간도 7~8년 걸리는 것만 봐도 여러 가지 성격의 일들이 복잡하게 얽혀 굴러갈 것으로 보인다.

한국의 원전 건설비가 압도적으로 저렴한 것은 이러한 수 백 수 천 가지 일과 사람과 회사의 조합이 절묘하게 맞아떨어지는 것이 아닌가 싶다. 한국 사람들이 원래 혼자 일은 잘해도 모이면 싸우는 경향이 있어 합동 작업을 잘 못하는 것으로 알려져 있는데, 어찌 된 건지 원전 건설에서는 반대다. 불가사의하다. 제대로 연구 해 볼만한 주제이다. 불쌍한 한민족 밥 먹고 살라고 절대자가 축복해 준 것이 아닌가 싶기도 하다. 탈 원전 정책은 이 기적적으로 찾아온 우리의 너무나 소중한 재산을 없애는 짓이다. 뚜렷한 이유도 없이 말이다.

한국 견제하려다
망한 일본

―――――――――――――――――― 우리 원전의 이 막강한 경쟁력 때문에 극심한 손해를 입은 나라가 생겼다. 일본이다.

터키는 2013년 원전 4기를 짓기로 하고 각국에서 제안서를 받았다. 미쓰비시가 약 30조 원에 공사를 따냈다. 30조 원은 한국이나 할 수 있는 금액인데 뜻밖에 일본이 이 금액에 계약을 한 것이다. 모두들 의아해했다. 아니나 다를까. 일본은 계약 후에 이런저런 핑계를 대면서 일을 지연시키더니 5년이 지난 2018년에 건설비를 약 20조 원이나 올려달라고 요구했다. 계약 금액의 70%를 더 달라고 한 것이다.

물론 터키는 거절했다. 계약은 파기되었고 일본은 큰 손해와 함께 신용이 곤두박질 쳤다. 일본은 그 이유가 후쿠시마 사고로 안전 설비가 크게 강화되었기 때문이라고 말하였지만 새빨간 거짓말이다. 후쿠시마 사고로 큰 돈 들어가는 안전 설비 보강은 없었다.

필자 생각에 그 이유는 아베가 한국이 수주하는 것을 막기 위하여 무리를 한 것이라고 생각한다. 전술한바와 같이 원전 수출은 경제적인 이익뿐만 아니라 수출국으로 기울어진 협력관계가 형성된다. 아베는 국제 사회에서 미묘하게 막강한 힘이 있는 터키가 한국과 그런 관계를 맺는 것이 몸서리치게 싫었을 것이다. 아베에게 놀부와 흥부 이야기를 들려주고 싶다.

여기서 우리는 느끼는 것이 있다. 이 사건은, 한국형원전의 경쟁력이 너무나 막강하여 정부가 탈 원전 정책만 취소해주면 터키 정도가 아니라 세계 원전을 다 휩쓸 수 있다는 사실을 증명해준 것이다. 독자들도 아마 비슷한 생각이 아닐까 싶다.

이와 관련하여 최근에 매우 고무적인 기사가 떴다. 미국이 원자력 발전소 40기를 건설하는 중동판 '머셜플랜' 시장을 함께 공략하자고 한국에 제안 했다는 것이다. 귀가 번쩍하는 뉴스가 아닐 수 없다. 한 기에 7조 원 정도 잡으면 280조 원이다. 이 금액은 건설비일 뿐이고 수명 기간 동안 내내 A/S등으로 비슷한 금액의 매출을 올릴 수 있다. 인류 역사상 최대 규모의 프로젝트이다. 이를 보도한 중앙일보 기자는 2019년 9월 아부다비에서 열린 복수의 에너지 업계 고위 관계자로부터 얻은 정보라며 기사의 신빙성에 자신감을 보였다. 사실이라면, 미국의 정치력과 한국의 기술력이 합쳐진 막강한 경쟁력이 생기는 것으로써 성공 확률이 매우 높다.

이 사업이 실현되면 한국은 경제면에서나 국제 정치면에서 부유한 선진국으로 성큼 올라 설 것이란 사실은 명백하다. 이 기사는 미국이 한국에게 손을 내민 이유를 이렇게 말한다. 사우디아라비아 프로젝트의 5개 예비사업자인 한국, 미국, 프랑스, 중국, 러시아를 대상으로 실시한 기술 평가에서 미국은 낮은 평가를 받았고 한국은 높은 평가를 받았다는 첩보 때문이라고 말했다. 탈 원전을 계속하면 기술도 신용도 모두 물거품이 되는 것은 당연하다.

일본은 보이지도 않는다. 아마 최근에 터키에서 계약을 해 놓고 취소한 짓거리 때문일 것이다.

여기서 필자와 터키의 특별한 인연 이야기를 빼놓을 수가 없다. 터키는 1995년 원전건설을 위한 프리 프로젝트(preproject)를 한 적이 있다. 프리 프로젝트란, 우리가 원전을 지으려고 하는데 어느 지역에, 어떤 노형의 얼마나 큰 원전을 지어야 하는지를 결정해주는 사업이다. 이런 것들을 결정하려면, 경제 발전 예상치, 지진, 해수 온도, 바람, 송전거리 등을 고려하여 분석 해야 한다. 그리고 국제원자력기구(IAEA. 내용적으로는 미국)의 승인을 받아주고 금융플랜 등도 만들어 주어야한다.

이 프리 프로젝트를 따면 본 프로젝트를 딸 확률이 매우 높아지기 때문에 당시 원자력을 하는 미국, 프랑스, 일본 등을 위시한 모든 선진국의 30여 개 회사가 다 모여 치열한 경쟁을 벌였다.

한국에서는 필자가 정부를 대표하여 「Why KAERI?(왜 한국원자력연구원인가?)」라는 3쪽 짜리 브리핑 자료를 가지고 터키 대통령 비서관들, 전력회사 사장, 무슨무슨 장관 등을 만나고 다녔다. 어느 장관은 필자와의 미팅 시간을 10분으로 잡는 모욕을 주었지만 결국 두 시간이나 필자를 잡아두기도 했다. 참여 기관의

1/3이 계약금 $0(zero)를 써냈지만 우리는 떳떳하게 $60,000을 써내고도 단독 계약자로 선정되는 완승을 거두었다.

용역을 수행한 보고서가 한국원자력연구원 창고 어딘가에 쑤셔 박혀있을 것이다. 터키 이야기만 나오면 더욱 안타까운 심정이다. 지금이라도 정부가 탈 원전만 풀어주면 터키로 달려가 원전 계약을 따올 수 있을 것 같다.

웨스팅하우스의 비극
그리고 암담한 한국 원전기술 미래
———————————————— 문재인 정부 사람들에게, 탈 원전을 하면 원자력 기술이 소멸될텐데 아깝지 않느냐고 물으면 국내에 짓지는 않아도 기술은 계속 유지하도록 하겠다고 말한다. 참으로 무식하고 무지하고 무책임한 말이 아닐 수 없다. 과거 웨스팅하우스의 일은 이 정책 추진의 미래를 보여주는 아주 좋은 예이다.

1953년 아이젠하워 대통령이 "평화를 위한 원자력!(Atoms for Peace!)"을 제창한 것을 계기로 미국에서 원전 건설 붐이 일었는데, 그 선두 주자가 웨스팅하우스였다. 세계의 원전 건설을 리드하던 웨스팅하우스는 미국이 TMI 사고에 놀라 원전 건설을 중

지하자 기술이 쇠퇴하기 시작하였다. 막강한 이름값으로 컨설팅과 부품 납품 등을 하면서 버티다가 유일한 호갱성 고객이었던 한국마저 한국형원전을 개발하여 울진 3·4호기를 스스로 지어버리자 회사 자체가 시장에 나와 버렸다. 2006년의 일이다. 시장의 평가는 20~25억 불 정도였으나, 두산이 살 것이 겁난 도시바가 두 배가 넘는 54억 불을 주고 사갔다. 그러나 이미 기술과 인재가 없어지고 이름만 남은 웨스팅하우스는 도시바에게 도움은커녕 부담이 되어 도시바 전체를 부실기업으로 만들어버렸다. 결국 도시바는 2017년 반도체 사업의 지분을 매각하는 수모를 당하였다. 우리 SK 하이닉스가 일부를 인수하였다.

세계를 호령하던 웨스팅하우스도 자기 나라에서 수요가 없어지니까 이렇게 간단히 망해버린 것이다. 웨스팅하우스는 결국 국제 천덕꾸러기가 되어 지금은 캐나다의 어떤 투자회사에 팔려 다음 주인을 기다린다고 한다. 국력의 막강함은 물론 원전 기술 역사에서 리더였던 미국도 이랬는데 거기서 기술을 배운 극동의 조그만 나라 한국은 어떻게 될까!

반세기가 넘는 세월동안 별별 우여곡절을 겪으면서 이제 세계 최고 기술이 된 한국의 원전 기술이 아무 명분도 실리도 철학도 없는 "탈 원전" 선언 하나로 소멸될 위기에 처해있다.

필자가 무엇보다 가슴 아픈 것 중의 하나는, 탈 원전을 한다고 하니까 원자력을 전공하려는 학생들이 급감하는 추세라고 한다. 졸업 후에 할 일이 없는데 누가 공부하려하겠는가. 원자력 교육의 쌍벽을 이루어온 서울대학교와 KAIST 원자력과에 학생이 오질 않고 와도 다른 과로 전과할 목적으로 온다고 한다. 자부심 하나로 한국의 원자력을 이끌어온 전문가들은 엄청난 좌절과 모욕감에 몸부림친다.

문재인 정부는 기술의 개념이 부족한 것 같다. 현대 국가는 기술 없는 미래를 상상 할 수 없다. 경제도 일자리도 안보는 물론 복지와 정의, 그리고 극일(克日)도 결국은 기술이 있어야 된다는 사실을 이제라도 깨달았으면 좋겠다.

이유 없는
신고리 5·6호기 공사 중단

———————————— 미래 에너지 문제는 정부와 전문가들이 함께 지혜를 모아 고민하고 연구하여 청사진을 만들고 공청회 등의 절차를 거쳐 필요하면 국민투표까지 해서 확정해야 할 만큼 중요한 문제이다. 그런데 문재인 정부는 뚜렷한 이유 없이 탈 원전을 선언하고는 그 첫 단계로 공정률 28.8%로 한참 공사 중인 신고리 5·6호기 공사 중단을 결정하였다. 그러나 탈 원전 옹호론자들마저도 공사 중인 것까지 없애는 것은 너무 심하다는

여론이 비등하니까 공론화위원회라는 것을 만들어 여기서 최종 결정하도록 책임을 넘겼다.

공론화위원회는 원자력 비전문가만 471명으로 시민배심원단을 구성되어 33일간 이런저런 소위 숙의과정을 거치고 나서 마지막으로 신고리 5·6호기 찬반 세력의 발표(presentation)를 듣고 투표를 하게했다. 이들은 모두 비전문가들이기 때문에 오직 찬반세력이 제공하는 자료와 발표만 가지고 신고리 5·6호기의 운명을 결정하도록 되어있었다. 어느 쪽이 자료를 잘 만들고 말을 유창하게 하는 사람을 섭외하느냐에 따라 성패가 갈리는 것이다. 천우신조로 공사 계속으로 결론이 났지만 하마터면 우리의 에너지 미래가 더 깊은 수렁에 빠지고 국민 혈세 물경 2조 6천 억이 날아갈 뻔 했다. 이게 국정을 책임 진 사람들이 할 짓인가? 나랏일 가지고 장난친 것이다.

또 책임 있는 정부의 결정이라고 믿을 수 없는 것은 공사 중단과 공론화 위원회 설치의 순서 문제다. 공사 먼저 중단시키고 나서 공론화위원회를 만들다보니 공론화위원회 결론이 날 때까지 3개월 동안 공사는 중단되었다. 3개월 후 공사는 재개 되었지만 1,300억이 날아갔다. 1억 불이 넘는 돈이다. 공사는 그냥 하게 놔두고 공론화위원회를 먼저 만들었으면 버리지 않아도 될 돈 이였다.

혈세 낭비 뿐 아니라 일하는 사람들의 놀란 가슴은 또 어땠을까! 공사 현장에서 일하던 많은 사람들 중에는 여기서 돈 벌어 아기 분유를 사야할 사람도 있었을 것이고 부모 병원비, 자식 등록금 등 갖은 사연들이 있었을 것이다. 어느 날 갑자기 공사가 중단 되어 출근 할 데가 없어졌을 때 이들은 얼마나 황당했을까. 원전 건설에 참여하기로 계약되어 꿈에 부풀어 좋아하고 투자했을 중소기업 사장들의 불안감은 또 어땠을지 짐작하기도 버겁다.

토론을 봉쇄한
2017년 6월 27일 국무회의

──────────────── 정부는 이 공론화 위원회 설치 안건을 2017년 6월 27일 대통령이 주재한 국무회의에서 의결했다. 문 대통령이 "지진 가능성과 후쿠시마 사망자 1,368명"이라는 가짜 지식과 가짜 뉴스를 근거로 탈 원전을 선언한지 8일이 지난 시점이다. 대통령의 선언 직후 전문가들이 "지진은 원전 사고의 원인이 아니다"라고 공개적으로 지적을 했고 "후쿠시마 사망자 1,368명은 올바른 이해에 기초한 게 아니다"라는 일본 정부의 유감 표명이 있었다. 즉, 이 국무회의에 참석한 사람들은 '지진'이 가짜 지식이고 '1,368명'이 가짜 뉴스인 것을 알고 회의에 참석했다고 봐야한다.

이런 상황이면 당연히 국무회의에서 탈 원전에 대한 이의 제기성 발언이 나오는 것이 정상적이다. 탈 원전의 이유가 사실이 아닌 것으로 밝혀졌으니까 말이다. 백보 양보해서 탈 원전까지는 감히 말을 못하더라도 신고리 5·6호기 공사 중단을 재고하자는 정도는 토론이 되었어야 마땅하다. 그러나 당시 국무회의에서는 이러한 토론이 사실상 없었다고 한다.

그런데 더욱 한심한 일은, 처음부터 토론 없이 적당히 넘어가려는 계획이 있었던 것으로 보여 진다. 국무위원들은 대체로 상정 안건에 대해 미리 통보 받고 회의에 참석한다고 한다. 그런데 이날 국무회의에 미리 통보된 9건의 안건 중 신고리 5·6호기 문제는 없었다. 통보된 9건의 의안 심의와 부처 보고가 끝난 뒤 국무조종실장이 대통령에게 구두보고로 갈음했다. 구두보고 안건은 그때마다 이슈가 되는 문제를 긴급히 다루는 것이라 사안을 제대로 파악 할 수도, 활발한 토론이 이루어지기도 어렵다고 한다. 관련된 부서끼리 적당히 넘어가자고 사전에 입을 맞춘 의심이 간다. 오직 이낙연 국무총리와 김영준 해양수산부장관이 간단히 의견을 제시했다고 한다(동아일보. 2017.7.12).

국무회의가 이런 식으로 운영되다보니 뭐 기대할 것이 없겠지만, 그래도 국무위원이라면 진행 중인 공사를 중지시켜 놓고 공론화위원회를 운영할 것이 아니라 공사는 그냥 하도록 내버려두고 공론화위원회를 먼저 운영하여 그 결과에 따르자는 정도의 주장은 할 수 있는 것 아닌가 싶다. 이렇게 한다고 탈 원전 추진에 지장이 있는 것도 아닌데 쓸데없이 1,300억원은 버리지 않아도 되니 말이다.

에너지전환(탈 원전)로드맵은
지속 불가능한 정책

──────────────── 그리고나서 몇 개월 후인 2017년 10월 24일 정부는 "신고리 5·6호기 건설재개 방침과 에너지 전환(탈 원전)로드맵 확정"이라는 제목의 보도 자료를 냈다. 이름만 에너지 전환이라고 바꿨을 뿐 그냥 탈 원전 이다. 현재 24기인 원전을 2038년까지 14기로 줄이고 현재 7%인 태양광 등을 30년까지 20%로 확대한다는 내용이다. 그런데 해방 후 60년간 지속되어온 국가의 에너지 정책을 바꾸는 내용치고는 지나치게 비전문적이고 감각적임을 지적하지 않을 수 없다. 그 이유는 이렇다.

우선 정부가 이렇게 에너지 정책을 전환하는 이유가 단지 공론화위원회의 공론조사 결과가 원전 축소가 53.2%, 원전 유지·확대가 45.2%로 원전 축소가 8.0% 많기 때문이라는 것이다. 원전 유지·확대 45.2%를 원전 유지 35.5%와 원전 확대 9.7%로 나누어 발표함으로써 원전 축소 53.2%보다 훨씬 적게 보이게 했다. 세계 10위 안팎의 정부 정책이라고 믿기 어렵다. 원전의 안전성, 태양광 발전의 적합성, 비상시의 에너지 안보 등 기본적인 분석이 없다.

공론화위원들은 모두 비전문가들인데 3개월간 "충분한 학습과 토론"을 했단다. 필자는 평생을 해도 항상 부족함을 느끼는데, 공론화위원들은 3개월만 해도 충분하단다.

길게 얘기해서 무엇 하겠는가! 어차피 국가 미래를 고민해서 나온 정책이 아니라 대통령의 대선 공약을 합리화하는 것이 목적인 것을.

이 정책은 다음 정권이 좌파 정권이어서 이 정책을 계속 따를 것이라고 가정해서 나온 것이다. 틀린 가정이다. 우리가 경험한 첫번째와 두 번째 좌파 정권은 김대중 정부와 노무현 정부였는데 두 정권 모두 탈 원전 하지 않았기 때문이다. 다시 말한다. 김대중 대통령과 노무현 대통령도 집권 전에는 탈 원전의 신념을 가지고 있었다. 그러나 집권 후에는 완전히 바뀌었다. 김대중 대통령은 신고리 1·2호기와 신월성 1·2호기 4기의 원전 건설을 승인했고 노무현 대통령도 약속이나 한 듯 4기의 원전 (신고리 3·4호기와 신울진 1·2호기)를 승인했다. 평생의 신조였던 탈 원전이 대통령이 되어 자세히 알고 보니 국가이익에 맞지 않는 것을 알고 과감히 버렸다.

다음 정권이 좌파 정권이라고 가정해도 에너지전환(탈 원전)로드맵은 파기될 것이라고 보는 것이 합리적인 추론이다. 쓸데없는 짓을 하고 있는 것이다. 아무 이유도 명분도 없이 탈 원전을 선언하여 세계 최고가 된 기술과 상품을 버리고 있을 뿐이다. 여러 나라에 수출할 수 있는 기회를 사실상 방해하는 국가 이익 훼손 행위를 하고 있는 것이다. 참으로 환장할 노릇이다. 위험하다고? 다시 말하지만 가압수형 원전은 40년 전 미국에서 딱 한 번 사고가 났는데 인명과 환경의 피해가 전혀 없었다. 운이 좋아서 혹은 사고 대처를 잘 해서 그렇게 된 것이 아니라 가압수형 원전의 근원적 특성상 그렇다. 즉, 후쿠시마와 체르노빌 비극의 원인이었던 수소폭발이 일어나지 않았기 때문인 것이 이론적으로도 밝혀졌다. 비등수형 원전은 체르노빌과 후쿠시마의 큰 사고 말고도 적은 규모의 수소폭발 사고가 8번이나 보고되었으나 가압수형 원전에서는, 지난 60년 동안 단 한 건도 없었다. 이래도 위험하냐?

최근에는 거의 성사되었던 한국형원전의 영국 수출이 사실상 무산되었다. 영국이 어떤 나라인가? 18세기 중반, 상투 틀고 소달구지 끌던 조선 영조시대에 산업혁명을 일으켜 인류의 기술 발전을 선도한 나라다. 이 영국이 한국형원전의 기술을 인정하여 한국을 우선 협상 대상국으로 결정했다가 취소했다. 이유? 영국 정부가 말은 못하지만, 원전은 60년, 80년 동안 계속 수출국의 기술 서비스를 받아야하는 국가 시설인데, 원전이 위험해서 우리는 더 이상 짓지 않겠다라고 하는 나라에서 원전을 살 수가 있겠는가?

다시 말하지만, 원전 수출은 남는 장사이다. 그런데 돈이 들어오는 것보다 어쩌면 더 중요한 것이 있다. 앞에서 나온 이야기지만 다시 한다. 수입한 나라는 수출한 나라로부터 기술적 도움을 받아야하기 때문에 두 나라 관계는 밀접해지지 않을 수가 없다. 영국은 유엔 상임이사국이다. 국제 사회에 미치는 영향력이 막강하다. 이런 영국이 원전을 돌리기 위해서 우리에게 도움을 받아야하는, 말로 표현하기 어려운 국가 이익이 손상된 것이다. 이 엄청난 국익 손상을 도대체 누가 어떻게 책임지려고 하는지. 이해가 가질 않는다.

요즘 자주 잠을 설친다. 억울하고 원통해서 그렇다. 우리의 기술 자립 노력은 머리로만 하지 않았다. 대한민국 기술자들은 역사의식으로 무장되어 있었다. 오천년간 가난에 배곯고 930여 번의 외침에 짓밟히고 독재에 신음해온 불쌍한 우리 민족의 생존과 번영과 자존에 꼭 필요한 것이 기술이라는 기초적인 역사의식으로 무장되어있었다. 기술뿐만 아니라 법적으로까지, 일본과 프랑스 등 아무도 하지 못했던 자기나라 고유의 원자력발전소를 갖게 된 것은 진정코 이런 정신력이 만든 기적이라고 말하지 않을 수 없다. 우리의 이러한 뜨거운 가슴이 믿을 수 없을 만큼 많은 지식이 머리로 들어가게 하고 그래서 큰 성과가 있게 만들었다고 믿는다. 기술자립의 고비마다 눈에 안 보이는 어떤 강력한 힘이 도와주는 것 같은 기적을 통해 우리는 성공할 수 있었다. 이것이 지금 없어지고 있는 것이다.

이 역사적인 사실이 언론에 한 줄 나지도 않는 기술 천시 국가에서 그냥 우리들끼리 술자리에서 당시의 에피소드나 이야기하며 보람으로 살아왔는데, 갑자기 이 기술은 필요 없을 뿐만 아니라 위험하니까 없애야한다고 하는 정권이 나타난 것이다. 우리는 평생 무엇을 한 것인지! 억울하고 원통해서, 그래서 자주 잠을 설친다.

다시 말하지만, 한국형원전은 안전성면에서나 발전 단가 면에서나 에너지 안보 면에서나 국가 수입 면에서나 국제 지위 면에서나 미세먼지 등 환경면에서나 매우 좋은 에너지원이다. 후쿠시마와 체르노빌은 악몽일 뿐이다. 두 원전 다 비등수형으로써 노형 자체가 가압수형인 한국형원전과는 완전히 다르기 때문이다.

탈 원전을 추진하는 세력은 그 이유를 명확히 밝혀야한다. 힘이 있다고 마구 뭉갤 일이 아니다. 그러면 못쓴다. 나라의 미래를 걱정하고 명분에 따르는 겸허한 마음을 갖기를 바란다.

미국이 부러워하는
우리의 인공태양 기술도 무너질 위기

───────────────────────── 인공태양이란 말을 들어봤을 것이다. 태양이 수소의 핵융합으로 열을 내는 것을 본 따다보니 이런 애칭이 생겼다. 재미로 물리 얘기 잠깐 하겠다.

우라늄뿐만 아니라 수소, 금, 철, 산소 등 모든 물질은 원자로 구성되어있는데 원자 안을 들여다보면 원자핵과 전자가 있단다. 다시 원자핵 안에는 중성자와 양성자가 있다고 한다. 이것을 눈으로 본 사람은 없다. 이럴 것 같다고 상상하고 이것저것 해보니 그대로 되니까 이렇게 믿는 것이다. 아래에 이어지는 이야기도 다 그렇다. 아무도 볼 수 없는 극 미세, 신비의 세상이다.

이 원자핵을 다른데서 가지고 온 중성자로 때리면 원자핵이 깨지면서 안에 있던 중성자 2, 3개가 튀어나오는 현상을 핵분열이라 부른다. 이 보이지도 않는 것을 처음 발견한 사람은 뉴질랜드 사람인 러더퍼드(Ernest Rutherford)인데 사람이 너무 순진하고 또 비슷한 시대에 프랑스의 퀴리(Marie Curie)가 이 분야에서 노벨상을 두 번이나 받는 등 너무 유명해져 이름이 좀 묻힌 면이 있다.

하여간 원자핵이 중성자에 맞아 쪼개진 후 그 안에 남아있는 중성자와 양성자의 총 무게(질량)가 깨지기 전보다 조금 가볍단다(질량결손). 깨진 조각이 어디로 떨어져 나갔나? 그런거 같지는 않고 과학자들은 결합에너지니 뭐니 하는데 우리는 이해하기 어렵다. 중요한 것은 이 가벼워진 만큼 열을 낸다는 사실이다. 무게가 줄었으면 줄었지 왜 열을 내나?

그게 "질량과 에너지(열)는 같다"라는 소위 질량-에너지 등가(等價) 원리($E=mc^2$)이다. m은 줄어든 질량이니 대단히 적은 양인데 c가 광속도이고 자승까지 하니까 나오는 에너지(E)가 만만치 않다. 한 물질 속에 들어있는 원자의 개수가 워낙 많다보니 이렇게 나오는 에너지(열)가 엄청나 원자탄도 만들고 원자력 발전도 하는 것이다. 그런데 원자핵이 깨질 때 뿐 만 아니라 합쳐질 때도(핵융합) 에너지(열)가 나온다라는 사실이 밝혀져 핵융합 발전을 하기위한 연구가 활발히 진행되고 있다.

이 핵융합발전이라는 게 엄청 매력적이다. 우선 연료가 석유나 우라늄 같이 지저분하고 복잡한 것이 아니고 바닷물이란 사실이다. 핵융합을 하는 원소가 수소이다보니 그냥 물(H_2O)이면 되는 것이다. 바닷물 1리터가 석유 300리터와 맞먹는다고 한다. 그리고 무엇보다 핵분열 발전의 가장 골치 아픈 문제인 방사능이 사실상 안 나온다. 이 기술이 상업화가 되면 인류는 에너지에서 완전히 해방되는 것이다. 말 그대로 인공태양, 꿈의 에너지이다.

그런데 세상에 좋기만 한 것은 없는 법인가보다. 핵융합 반응은 섭씨 일억 도 이상이 되어야 일어난단다. 일억 도라! 얼마나 뜨거운 것인지 감을 잡을 수 없다. 태양의 중심 온도가 대충 1,500만 도라고 하니 이건 뭐 엄청 뜨거운 온도다.

"우리 생전에 되겠어?"라고 생각되던 이 꿈의 에너지가 갑자기 손에 잡히기 시작했다. 손에 잡히게 만든 나라가 바로 대한민국이다. 열심히 하는 나라 미국, 러시아, 일본, EU, 인도, 중국, 한국 7개국이 프랑스에 핵융합 실험로(ITER)를 건설 중인데 시설만 지으면 뭐하나 일억 도까지 올릴 기술이 없는데 하면서 사실 속으로는 초조하고 허망해 하던 차였다. 그런데 금년(2019) 2월 13일 대한민국이 세계 최초로 일억 도를 만드는 쾌거를 이룩했다. 꼴찌로 참여하기 시작했고 돈도 제일 조금 내지만 기술은 우리가 선도하고 있는 것이다. 미국이 부러워하는 몇 안 되는 한국의 기술이다. 물론 이미 세계 최고 기술인 기존의 핵분열 발전기술이 바탕이 되었다.

몰랐다고? 이게 무슨 중요한 일이라고 언론에 크게 나나. 우리 언론은 이젠 보기만 해도 혐오스러운 구태의연한 정치인들의 시시껄렁한 이야기나 배우 아이들이 성폭력을 했네 안 했네, 이혼을 하네 마네 뭐 이런 것들이 중요한 일이니 그런 것만 크게 보도하면 되는 것이다. 어차피 기술 천시 국가니까.

하여간 세계 최초로 일억 도를 올린 곳은 대덕 연구단지에 있는 도넛 같이 생긴 KSTAR라는 핵융합 시설이다. 이 시설은 1995년 김영삼 대통령의 결심으로 건설을 시작하여 2007년 노무현 대통령 때 완공되었다. 대덕 연구 단지에서는 한창 공사 중이던 2001년 10월 김대중 대통령이 국군의 날 행사에 참석했다가 갑자기 건설 현장을 들려 행한 연설이 유명하다. 원고도 없이 한 시간 넘게 인류의 미래와 환경과 에너지의 함수 관계, 국가 경쟁력과 화석 발전의 한계 등에 대해 지식을 쏟아내는데 그 해박한 지식과 논리에 모두들 감탄했다.

이 시설의 준공은 2007년 노무현 대통령 시절에 이루어졌다. 핵융합 연구소 기록에는 이렇게 쓰여 있다.

노무현 대통령은 흥분을 애써 감추며 격려사 원고를 펼쳐 들었다. "인간이 스스로 멸망하지 않고 이 지구상에서 항구적인 삶을 영위할 수 있는 가에 대한 철학적 판단을 바꿀 수 있는 획기적인 기술이 바로 이 핵융합 에너지라고 생각합니다." 대통령이 격려사를 마치자 뜨거운 박수가 쏟아졌다.

그동안의 보수 성향의 대통령들은 물론 우리가 경험한 진보 성향의 두 대통령들도 원전을 4기 씩이나 짓도록 승인하고 이렇게 핵융합에 대해서도 확실한 지지를 하는 등 원자력에 대한 통치 차원의 철학을 가지고 있었던 것이다.

탈 원전을 계속하면 기존의 원자력 기술은 물론 이 핵융합 기술도 약화되거나 없어지는 것은 당연지사이다. 필자 개인적인 생각으로, 문재인 대통령도 곧 탈 원전 정책의 해악을 인지하게 될 것으로 믿는다. 그동안의 국가적 손해가 너무 커서 가슴 아프지만…. 어찌하랴, 지금이라도 빨리 잘못을 되돌려 더 이상의 국가 이익 훼손이 계속되지 않기를 간절히 바랄 뿐이다.

참고로 KSTAR 건설하는데 약 3,000억이 들었는데, 이 경험으로 프랑스에 짓고 있는 핵융합 실험로(ITER) 공사에서 약 6,000억을 벌어왔다. 지금도 계속 시설과 장비를 수출하고 있다.

탈 원전 정책은
원전의 안전에 치명적

──────────────────── 원전이 불안전해서 없애겠다는 탈 원전 정책은 아이러니하게도 원전 사고의 주요 원인으로 작용하고 있다. 이유는 그냥 상식적이다. 원전 업계 전체가 파장 분위기이다 보니 사람들이 떠날 맘을 먹는 것은 상식이고 그 중에서도 실력 있는 사람이 먼저 떠나는 것 또한 상식이다. 당연히, 돌아가고 있는 원전은 불안해 진다.

탈 원전을 선언했다고 해서 모든 원전이 멈추는 것이 아니고 계속 20여 기가 돌아가고 있다. 전기가 잘 들어오니까 마치 공기처럼 당연하게 생각되지만, 뒤에서는 많은 사람들이 열심히 일하고 있는 결과이다. 허술한 작업 현장에서 기름에 쩐 작업복을 입고 부품을 깎는 기능인이 일에 집중 할 수 있을까, 원전에서 생기는 조그만 고장의 원인을 밤 새워 찾아내고 대책을 강구하는 기술자는 어떨까, 24시간 돌아가는 컨트롤 룸의 수백 개 점멸 알람을 감시하는 운전원의 머릿속은 어떨까.

탈 원전을 선언한 청와대 아저씨들 탈 원전의 이런 부작용을 생각이나 해 보셨는지!

나는 강력히 경고한다! 이 상태에서 원전 사고가 나면 탈 원전 주창자들은 어떤 형태의 책임이던 져야한다고!

원전에서는 미세먼지가 전혀 나오지 않는다 라든가 한전이 탈 원전 시작 전인 2016년과 비해 2018년에 영업이익이 6조 4,000억 줄어 부채비율이 21.9% 폭등했다는 보도(조선일보. 2019.7.29), 원자력 산업계에서 사람이 떠나니까 기술도 떠나버려 원전 생태계가 붕괴 되고 있는 현실, 핵심 부품 기업들이 도산 위기를 맞고 있다는 잇따른 보도 등에 관하여는 말하지 않겠다.

이런 사실들은 탈 원전으로 당장 우리에게 닥치고 있는 현실로써 내가 말하지 않아도 여러 매스컴에서 보도하고 있고 계속할 것이기 때문이다.

결론

──────────────────── 결론! 딱 세 가지. 너무 간단하다.

① 한국형원전은 가압수형 원전으로서 사고가 나도 인명 피해와 환경오염은 발생하지 않는다. 전 세계에서 60년 동안 일어난 유일한 사고가 1979년 미국 TMI 사고인데 인명과 환경 피해는 전혀 없었다. 이 사실은 그 후 이론적 연구로도 확인 되었다.

② 탈 원전 정책은 60년간 어렵게 자립된 세계 최고의 원자력 기술을 말살하는 정책으로서 이미 많은 국가이익이 훼손되었다. 더 이상 지속 되어서는 안 된다.

③ 정부는 탈 원전 정책을 시행한 배경과 이유를 국민에게 밝혀야 한다.

3장

대한민국 기술 독립 선언의 현장

한국형원전의 개발과 상업화 비사秘史

다음 글은 우리의 원전 기술 자립의 역사이다.
다만, 가독성을 높이기 위해 사건 일부의 배경을 추정하여
소설의 기법을 빌려 썼다.

1983년 1월 22일. 이 해 겨울은 몹시도 추웠다. 연일 영하 15도가
넘는 혹한이 한 달여 계속되고 있었다. 이날은 제4차 한·미 섬유
협상이 나흘째 되는 날이었다. 협상은 본래 3일 일정으로 열릴
예정이었으나 양국의 입장이 팽팽히 맞서면서 진척이 없자 하루
더 연장되었다. 그러나 결과는 결렬이었다. 미국이 한국에게 섬
유 수출 쿼터를 한꺼번에 30%나 줄이도록 요구한 것이 협상 결
렬의 원인이었다. 특히 양국은 전통적인 우호 관계에 걸맞지 않
게 감정적인 논쟁까지 있었던 것으로 알려졌다. 회의장을 떠나는
미국 대표단의 표정은 굳어 있었다.

이로부터 7일 후 백악관에서 미 대통령 주재로 대책 회의가 열렸
다. 레이건 대통령이 입을 열었다.

"자, 끝으로 미한 섬유 문제에 대한 해결책을 모색합시다. 네 번이나 회담을 했는데 안 됐으면 이제 기대할 수 없지 않나 요? 상무장관, 안 그런가요? 어떻게 해야 합니까?"

상무장관이 선뜻 대답을 못하고 우물쭈물했다. 뾰족한 대책을 찾지 못했다는 눈치다. 국무장관이 나섰다.

"한국의 태도가 매우 완강합니다. 쿼터를 30% 줄이면 실업자 가 20만 명 생긴답니다. 선거도 얼마 안 남고하다 보니 정치적 으로 부담이 되는 것 같습니다."

"우리가 한국산 섬유 제품의 수입을 줄이는 이유도 결국 실업 문제를 해결하려는 거잖아요. 입장이 같구면."

레이건은 이 문제를 정치적으로 양보할 생각이 없음을 분명히 했다.

"그렇습니다. 말로는 도저히 안 되겠고…. 한국이 거절할 수 없는 조건을 걸어야 할 것 같습니다."

"아이디어가 있어요?"

에너지 장관이 답변에 나섰다. 한국이 거절할 수 없는 조건에 대 해, 국무장관과 에너지 장관이 미리 입을 맞춘 눈치였다.

"조심스럽긴 합니다만, 참고로 한국은 원전의 A/S와 안전 진 단 등 모든 기술을 우리에게 의존하고 있습니다. 핵연료도 100% 우리에게서 사갑니다."

"한국이 그렇게 기술이 없나요?"

"부분적인 기술은 있는데… 전체적인 기술이 없습니다. 원전 설계 기술이 없다 보니 결국 스스로 A/S와 안전 진단을 할 수가 없습니다. 한국은 마침 원전에 대한 전반적인 안전 점검을 앞두고 있습니다."

"그래서요? 원전 기술과 핵연료를 무기로 쓴다? 모두 웨스팅필드가 가지고 있나요?"

"그렇습니다."

"한국에 원전이 몇 기나 있나요?"

"10기입니다."

"몇 퍼센트?"

에너지 장관이 가지고 있는 자료를 들쳐보며 대답했다.

"전체 전기 소모량의 40%가 원전에서 나옵니다."

"음, 많군."

레이건이 CIA국장에게 물었다.

"웨스팅필드와 접촉하는 데는 문제가 없나요?"

"문제없을 겁니다."

레이건이 앞에 놓인 크리스털 생수 잔을 천천히 들며 결론을 내렸다.

"한국이 거절할 수 없는 조건이긴 한데… 국무와 에너지가 잘 상의하고 CIA의 도움을 받아 반미 시위가 일어나지 않도록 하면서 잘 해결해 주기 바랍니다. 나 한국에서 일어나는 반미 시위 지긋지긋합니다."

미국이 한국과의 섬유 협상에서 자기네 안을 관철시키기 위하여 원자력 기술을 무기로 사용하기로 결정하였다. 기술이 없는 한국으로서는 대처할 방법이 없었다. 그런데 이러한 기술의 무기화는 미국뿐만 아니라 선진국 모두가 애용하는 협상전략이었다.

백악관 회의 2주 후인 1983년 2월 12일. 한미 섬유협상 5차 회의가 워싱턴D.C. 컨스티튜션 애비뉴(Constitution Avenue)에 있는 미 상무부 건물 7층 회의실에서 열렸다. 불과 3주 전에 서울에서 4차 회의가 있었는데 미국의 요청으로 다시 협상이 재개된 것이다. 한국 대표 네 명과 미국 대표 다섯 명이 원탁 테이블에 앉아 심각한 표정으로 각자의 주장을 펴고 있었다.

미국 대표는 지금까지 펴온 미국의 주장을 계속 유지하고 있었다.

"지금까지 여러 번 한 이야기인데, 한국이 너무 많은 섬유 제품을 미국에 수출하고 있어서 미국의 섬유 산업에 피해가 막심합니다. 한국의 수출 쿼터를 30% 이상 줄여야 합니다."

미국 대표의 거만하고 권위적인 발언에 한국 대표도 확실하게 맞대응을 하였다.

"나도 마찬가지로 여러 번 한 이야기인데, 한국의 GNP 중 섬유 산업이 차지하는 비중이 25%나 됩니다. 수출 쿼터를 한꺼번에 30%를 줄이라는 것은 억지입니다. 실업자가 20만 명 이상 생길 것입니다."

미국 대표의 표정이 일그러졌다.

"억지라고요?"

"그렇소. 한꺼번에 30%를 줄이라니 억지가 아니고 무엇입니까?"

"수출을 그렇게 소나기 퍼붓는 식으로 하면 어떻게 합니까?"

"소나기라니요? 시장의 자유 경쟁에 맡겨야 하는 거 아닙니까?"

모두 양보를 할 수 없다 보니 상대방 말꼬리를 잡는 험악한 분위기가 연출되어 효과적인 토론이 어려워졌다. 미국 대표가 30분간 커피 브레이크를 제의하였다.

브레이크가 시작되자마자 미국 대표와 차석이 회의실 옆에 있는 대표 사무실로 갔다. 다른 사람들은 로비에 간단히 차려져 있는 커피 테이블로 가서 커피와 다과를 들면서 이야기를 나누었다. 대표가 차석에게 말했다.

"빌. 도저히 안 되겠네요. 양보할 기미가 전혀 안보여요. 그 카드를 씁시다."

"내키진 않지만… 할 수 없지, 뭐. 알겠어요."

차석이 로비로 나가 커피를 따르고 있는 한국 대표에게 다가갔다. 평소 친하게 지내는 사이여서 출장 중에 주말이 끼면 서로 집으로 초대하여 식사 대접을 하곤 하였다.

"저번 한국에 갔을 때 환대해 줘서 고마워. 영숙과 미자 경철 다 잘 있지?"

"응. 다들 잘 있어. 그렇지 않아도 와이프가 안부 전해 달랬어."

"고마워. 그때 자네 와이프가 만들어 준 나물 비빔밥은 너무 맛있었어. 평생 못 잊을 거야."

"으응. 그래. 근데 이 회담 어떻게 될 것 같아? 양측이 너무 팽팽한 것 같지 않아?"

"나도 잘 모르겠어. 미국이나 한국 모두 일자리 때문에 이러는 거니까, 양보하기가 어려운 것 같아. 정치적인 문제이다 보니."

둘은 서로 사적인 이야기와 돌아가는 정세 같은 가벼운 이야기를 나누었다.

커피 브레이크가 거의 끝나갈 무렵 미국 차석이 갑자기 화제를 바꿨다.

"오늘 아침에 올라온 따끈따끈한 정보인데. 웨스팅필드 엔지니어들이 회사 운영과 근로 조건 개선을 요구하며 태업에 들어갈 것 같다는 정보가 있네. 미국의 전력 회사들도 원전 A/S와 안전 점검에 미칠 영향을 검토하기 시작했대."

"그래? 언론에 났어?"

"아냐. 정보라니까. 그냥 참고해."

"알았어. 고마워."

한국 대표는 직감적으로 미국 차석이 전해 준 것은 단순한 정보가 아니고 섬유협상에서 한국을 굴복시키기 위한 '히든 카드'일 것 같다는 불길한 생각이 들었다. 보안 조치가 된 휴대전화 문자로 본부에 보고하였다.

보고를 받은 외교부 제2차관은 원자력에 관한 정보이다 보니 즉각 장관에게 보고하고 장관도 같은 이유로 정보부장에게 확인을 요청했다. 설마 했던 정보부장은 워싱턴D.C. 지부장의 보고를 받고는 깜짝 놀랐다. D.C. 지부장은 공중전화 박스에서 정보부장이 쓰는 3대의 휴대폰 중 하나에 전화를 걸었다.

"저 너구리 35입니다. 펜실베이니아에 고양이를 풀어 알아봤는데요, 태업이니 파업이니 그런 기미는 전혀 없습니다."

"멀티체크 했나?"

"그렇습니다. 신뢰도 99.9%입니다."

정보부장은 즉시 대통령 비서실장에게 전화를 걸었다.

청와대 지하 벙커. 대통령과 총리와 정보부장 그리고 외무장관과 상공장관 다섯이 큰 테이블 한쪽에 모여 앉았다. 이 지하 벙커는 원래는 전시에 국군 최고 통수권자인 대통령에게 전황을 보고하고 지시를 받기 위해 만들어진 회의실이다. 그런데 여기엔 고도의 도청 방지 장치가 되어 있다 보니 전시가 아니더라도 비밀스러운 이야기를 할 때는 여기를 곧잘 사용했다.

정보부장과 외교장관이 한미 섬유 협상에서 미국 대표가 우리 외교관에게 원자력 관련 정보를 주었는데 확인해 보니 전혀 사실이 아니라고 보고 하였다. 보고를 다 받은 전두환 대통령이 근심스러운 표정으로 말을 꺼냈다.

"이게 그 뭐냐 기술 선진국들이 후진국에게 곧 잘 써먹는 기술 무기화 수법 맞지요?"

"그렇습니다."

"우방인 우리에게까지… 그 자식 레이건, 그럴 줄은 몰랐는데. 하라는 대로 다 했는데…."

전두환은 레이건에게 심한 배신감을 느꼈다.

"그건 그렇고. 실업자가 얼마나 생길 것 같소?"

상공장관이 대답했다.

"줄잡아 20만 명으로 봅니다."

정보부장이다.

"실업 자체도 문제지만 야당의 정치 공세가 대단할 것입니다. 선거도 얼마 안 남았겠다…."

"노조도 걱정이고… 시위가 엄청 일어나겠지?"

"그럴 겁니다. 하루아침에 길거리에 나앉게 되니… 죄송합니다."

전두환이 한숨을 쉬었다.

"이렇게 답답할 수가 있나. 우리 전기 40%가 원전에서 나오는데 기술은 없잖아요. 기술을 가진 미국이 원전의 안전 점검에 협조를 안 하고 핵연료를 안 팔겠다는데, 그러면 원전이 위험해지고 전기 생산이 안 되는데… 버틸 수 있어요? 무슨 방도가 있느냐고?"

"죄송합니다. 각하."

"원전 기술이나 핵연료나 다 우리가 돈 주고 사오는 거잖아?"
상공장관이 대답했다.

"물론입니다. 그것도 아주 비싼 값을 냅니다. 부르는 게 값이니까요."

"돈 벌 건 다 벌면서 필요하면 무기로도 활용하고. 그 사람들 편리하구면. 원전 기술이고 핵연료고 다 웨스팅필드에서 사오나요?"

"그렇습니다."

"자, 길게 생각하지 맙시다. 다른 방법이 없지 않소? 미국의 요구를 들어줍시다. 그리고 갑자기 일자리를 잃은 노동자들에게 최대한 일자리를 많이 주선해 주고 실업 수당도 주면서 노동계를 달랩시다. 정치적으로 이용하거나 선동하는 놈들은 혼을 좀 내주고."

"알겠습니다. 명심하겠습니다. 각하."

"다만, 이번 일을 전화위복으로 삼읍시다. 이번 기회에 무슨 일이 있더라도 원자력 기술을 개발합시다. 아니, 내가 그렇게 하겠소."

"예."

모두들 우울한 마음으로 벙커를 나섰다.

한·미 간의 섬유 협상이 한국의 일방적 양보로 결론 났다는 소식이 전해지자 노동계는 충격에 휩싸였다. 수출이 지금 당장 급감하는 것은 아닌데도 불구하고 섬유산업이 사양화하는 것이 확실하다 보니 많은 회사들이 즉시 구조 조정에 들어갔다. 금융기관은 대출금 회수 방안에 착수하는가 하면 대기업들은 지금까지 섬유 하청 업체에게 제공하던 여러 가지 지원을 축소하거나 검토에 들어갔다. 희망이 없다며 벌써 노동자 두 명이 자살을 하였고 일가족이 자살을 시도한 사건도 발생하였다.

총선을 몇 달 앞둔 정치권은 노동자들의 아픔을 치유하고 국가 경제의 위기를 극복하려는 노력보다는 정파의 이익에 따라 움직였다. 야권과 재야는 정부의 무능과 미국의 횡포에 분노하는 시위와 시국 강연을 잇달아 열었고 정부와 여당은 좌익 세력이 뒤에서 조정하는 것이라고 몰아붙였다. 한국 사회 전체가 큰 소용돌이에 빠져들고 말았다. 국민소득이 2천 달러가 넘지 않는 작은 나라 한국은 이렇게 허약했다.

대통령은 군사 정변과 광주사태 등을 거치면서 무력으로 집권하다보니 미국 등 세계열강으로부터 독재자라고 손가락질을 받았다. 당시 한국 정부로서는 미국으로부터 정권의 정통성을 인정받고 한미 관계를 정상화하는 것이 대단히 중요하였다. 그러나 레이건은 이렇게 해 주는 조건으로 여러 가지 무리한 요구를 하였는데 그 중의 하나가 한국 원자력개발원과 한국 방위기술연구소의 무력화였다.

국가 이익 측면에서는 말이 안되는 요구였지만 정권의 안정과 한미 관계가 더 중요하였기 때문에 이를 수용하지 않을 수 없었다. 전두환은 자신의 집권 과정에서 국가에 끼친 피해를 이제 조금이라도 갚아 나가야 한다고 생각했다. 노동자들과 야당의 시위를 포함한 여러 형태의 항의는 강력하게 막으면서도 이번 기회에 원자력 기술만은 꼭 자립을 해야겠다고 결심했다. 도대체 원자력 기술이 없어서는 나라가 절단날 것 같았기 때문이다.

여러 전문가들의 자문을 받아 보니, 원전 기술 자립은 한국형원전을 개발하고 핵연료를 국산화해야 완성된다는 사실을 알았다. 외국에서 수입한 원전의 안전 점검과 A/S는 계속 원전을 수출한 외국에 의존하지 않을 수 없다는 것이다.

그러나 만나 본 모든 전문가들은 핵연료 국산화 사업은 지금 진행 중이고 성공할 것으로 보이지만 한국형원전 개발은 불가능하다고 말하였다. 전략 회의에서 상공장관이 웨스팅필드나 프랑스에 충분한 대가를 지불하고 기술을 배워 오면 되지 않느냐고 전문가들에게 물었다. 그러나 전문가들은 '기술을 배워 오는 것은 말 그대로 배우는 것일 뿐이다. 대학에서 항공기 제작법을 배운 학생들이 졸업 후 항공기를 제작할 수 있겠느냐?'고 반문했다. 따라서 기술 습득은 긴 시간과 많은 예산이 필요한 장기 마라톤이라는 것이었다.

모두들 이 말에 동의하지 않을 수 없었다. 그렇다면 우리는 어찌해야 한단 말인가? 계속 미국에 이런 식으로 끌려 다닐 수밖에 없다는 것인데 이건 보통 문제가 아니었다. 미국하고는, 이번 섬유 문제로 끝나는 게 아니고 계속 자동차 수출 문제, 무기 구입 문제, 관세 문제, 북한 문제 등 안 걸리는 문제가 없는데 미국이 고비마다 이런 식으로 원자력 기술을 무기로 사용한다면 미국의 노예국이 될 수밖에 없었다.

고민하는 전두환에게 한국 원자력개발원 원장인 한필순 박사가 군인 출신인데 사명감과 추진력이 대단하다는 정보가 들어왔다. 공부만 한 나약한 학자들과는 다를 수 있다고 생각했다. 특별히 단독 오찬에 초대하였다.

전두환은 한필순과 이야기하면서 좋은 느낌을 받았다. 대부분의 사람들은 대통령과 마주하면 지나치게 긴장하여 할 말을 제대로 못하거나 아부성 말을 늘어놓는데 한필순은 그렇지가 않았다. 계속 국가 이익에 초점을 맞추어 할 말을 다하고 필요할 때는 고언도 서슴지 않았다. 대통령은 이 사람이면 기술 자립을 할 수 있다고 말할 것 같았다.

"한 박사님. 이제 우리 식사도 거의 끝나가니 제가 한 박사님을 뵙자고 한 본론을 말씀드리지요. 식사 중에 말씀드리면 소화가 안 되실 것 같아서…. 하하."

"예. 말씀하시지요. 각하."

"이번 섬유 파동의 원인이 뭔지 아시죠? 하긴 신문에 다 났으니까."

"예. 알고 있습니다. 원자력을 하는 사람으로서 부끄럽기 짝이 없습니다."

"그러세요? 그럼 지금이라도 하셔야지요."

"…"

"제가 한 박사님을 만나려고 공부를 좀 했습니다. 원전 기술 자립은 결국 핵연료를 국산화하고 한국형원전을 개발해야 완성된다면서요?"

"그렇습니다."

"핵연료 국산화 사업은 잘 되고 있나요?"

"예. 순조롭게 되어가고 있습니다."

"그러면 이제 한국형원전을 시작해야 되지 않나요?"

한필순은 준비해 간 이야기를 하기 시작했다.

"그렇지 않아도 각하가 부르시는데 어떤 말씀을 하실까 짐작이 가지 않았겠습니까?"

"그러셨겠지요."

"제가 드리는 말씀이 국가의 장래에 영향을 미칠 수 있어서 완벽을 기하기 위해 저의 지식으로 만족하지 않고 많은 전문가들을 만나 의견을 듣고 왔습니다."

전두환의 얼굴이 굳어지며 시선을 아래로 깔았다. 자신도 많은 전문가들을 만나 의견을 들었으나 모두 한국형원전 개발은 무리라는 답변뿐이었기 때문이다.

"만난 전문가들의 대부분은 이미 각하를 뵌 사람들이었습니다. 저의…"

전두환이 한필순의 말을 끊었다.

"한 박사 결론도 불가능하다?"

"각하. 이건 누구의 의견이나 의지의 문제가 아니라 현실입니다. 팩트입니다. 정부에서 도와주시면 열심히 연구해서 최단 기간에 개발하도록 하겠습니다."

"최단 기간요? 몇 년이요?"

"일본의 예를 말씀드리겠습니다. 일본은 1960년대 초에 시작했는데 이제야 기술 자립을 끝냈습니다."

"1960년대 초라고요? 25년 전?"

전두환은 기가 막혔다.

"정부에서 적극 도와주시면 15년 내에 끝내도록 최선을 다하겠습니다. 각하."

"15년? 이거 큰일 났네."

"…"

"나는 기술의 '기'자도 모르고 원자력의 '원'자도 몰라요. 그래서 기술적으로 한 박사의 의견에 반론을 제기할 순 없소."

전두환의 말투가 '한 박사님'에서 '한 박사'로 바뀌었다.

"옛날 얘기 하나 하고 끝냅시다. 1965년경 박정희 대통령이 나라에 제철 능력이 없으면 경제 개발이 안 되겠다 싶어 제철 회사를 만들자고 했더니 모두가 반대했었어요. 불가능하다는 말이지요. 특히 학자들은 백 프로였지요. 그들의 주장이 논리적으로는 맞아요. 자본과 기술과 철광석 아무 것도 없는데 무얼 가지고 제철 회사를 만들어요, 요즘 아이들 말대로 맨땅에 헤딩하는 식이었으니까. 그러나 제철 회사는 국가적으로 꼭 필요한 필수품이었거든요."

전두환은 얼굴을 잔뜩 찡그리고 밥상에 있는 숭늉을 들이켰다.

"이 상황에서 박 대통령이 한 조치는 뭐였는지 압니까? 포기? 아니었습니다."

"…"

"박태준을 생각해낸 겁니다. 박태준이 기술을 아는 사람도 아니고 차관을 끌어올 금융 전문가도 아니었는데 박태준을 생각해낸 겁니다. 왜인지 알아요?"

"…"

"그의 애국심과 추진력을 믿었던 것입니다."

"드릴 말씀이 없습니다."

"사람들이 나보고 독재한다고 하지요?"

"아- 아- 아닙니다."

"아니긴 뭐가 아닙니까. 사실인데. 내가 한 박사한테 독재 한 번 쓰리다. 무조건 하세요. 원전의 박정희가 되어서 박태준을 찾으세요."

"…"

"하셔야 합니다. 하세요. 무조건."

전두환은 명령했다. 잔뜩 찡그린 얼굴로 일어나 한필순과 악수를 하더니 그냥 나가 버렸다. 그 자리에 혼자 남은 한필순은 황당하였다. 어찌해야 할 줄 모르고 잠시 서 있는데 비서가 들어와 나가는 길을 안내해 줬다.

'듣던 대로 무지막지하구나.'

한필순은 대전으로 돌아오는 차 안에서 대통령에게 무시당한 불쾌감을 삭히려 노력하고 있었다. 그리고 불가능한 일을 하라는 지시를 받았으니 불안하기도 하였다. 애국도 좋고 추진력도 좋지만 안 되는 일을 무조건 하라고 하는 것은 완전히 군대식 명령이었고 독재였다. 과학기술에 대한 정책을 논하면서 군대식으로 하다니… '나도 군인 출신이지만 이건 너무 하는 것 아냐? 이래서 군바리가 정치하면 안 된다고들 하는가보다.'하는 생각이 들었다.

그러나 한편으로는 그의 결례와 막무가내는 국가에 대한 사명감에서 나온 것 아니겠느냐는 생각도 들었다. 스스로를 독재자라고 하면서까지 강하게 밀어붙이는 것을 보면서 그의 진정성이 느껴졌다. 하여간 대통령의 지시를 거역할 수는 없었다. 하다가 안 되면 죽더라도 하긴 해야 할 판이었다.

'그래 좋게 생각하자. 그가 나에게 들려준 박 대통령의 교훈을 타산지석으로 삼아 최선을 다해 보자'고 마음먹었다. 그날부터 '박태준'을 찾는데 골몰하였다. 지금까지 만났던 원로 전문가들은 이제 도움이 안 되었다. 대통령 말대로 애국심과 추진력이 있는 사람을 찾아보기로 결심하였다. 고민과 고민을 거듭하며 이 사람 저 사람을 수 없이 떠올려 봤으나 신통치가 않았다.

한필순 박사가 나에게 들려준 그 후의 이야기는 이렇다.
"그러던 어느 날 새벽에 잠을 깼는데 갑자기 어떤 한 사람이 떠올랐어요. 그게 바로 이 박사였답니다." '앗! 내가 왜 이 사람을 생각 못했지?' 한필순은 드디어 사람을 찾았다는 강한 느낌이 들었단다. 핵연료 국산화 사업에서 핵연료의 안전성 시험을 맡고 있는 나에 대해서 말은 안 해도 연구 태도와 성과에서 대단한 애국심과 추진력을 느꼈다고 말했다.

"그러나 이런 이유를 넘어서는 무언가가 있었어요. 뭔가 거부할 수 없는 영감이 나에게 '이 사람이다'라는 확신을 주는 것 같았어요"라고 추억했다.

한필순은 출근하자마자 나를 찾았다.

"정부에서, 아니 대통령으로부터 직접 한국형원전을 개발하라는 지시가 떨어졌습니다. 정부 출연 연구소인 우리로서는 무조건 따라야 하는 엄명이거든요."

"그렇겠군요. 근데 가능한 일입니까?"

"가능하고 불가능하고가 문제가 아니고 무조건 해야 하는 의무인 거지요."

"무조건요? 하하. 군대식이네요. 허긴 다 사람이 하는 일인데 절대 불가능한 것이 어디 있겠어요? 인간의 머리로 할 수 있는 최고로 현명하게 판단하고 그리고 죽어라하고 열심히 하다 보면 길이 나올 수도 있는 게지요."

나는 한필순이 이 일의 성공 가능성을 꼭 부정적으로만 보지는 않는 듯하다는 느낌을 받았다. 지금까지 만나봤던 전문가들과는 다른 분위기였다.

"맞아요. 그런데 이 박사 말대로 인간의 머리로 할 수 있는 한 최고로 현명하게 판단하고 그리고 죽어라하고 열심히 할 사람이 누구냐 하는 것이 문제이지요."

"…"

"내가 며칠 고민하고 기도한 결과 이 박사가 적임자라는 결론을 내렸어요. 맡아 주기 바랍니다."

"저요? 저는 싫습니다. 못합니다."

"…"

"저는 그런 능력도 없지만, 이제 개발연구는 그만하고 기초연구를 하고 싶습니다. 제가 처음 이 연구소에 온 이유도 평생 기초연구를 하기 위해서였거든요. 그런데 계속 개발연구에만 붙잡혀 있었어요. 지금 하고 있는 핵연료 사업 끝나면 이제는 정말 기초연구를 해야겠습니다. 이해해 주십시오."

한필순이 한참 동안 창밖을 내다보았다.

"이 박사. 이번 섬유 파동의 원인이 뭔지 압니까?"

질문을 받은 나는 갑자기 꿀 먹은 벙어리가 된 듯 아무 말도 할 수 없었다. 한필순도 가만히 있었다. 두 사람은 약속이나 한 듯이 그냥 아무 말 없이 앉아있었다. 5분 넘게 이상한 시간이 흘렀다. 애꿎은 주스와 냉수만 홀짝였다.

한필순의 시선을 피하던 나는 갑자기 한필순을 바라보며 가라앉은 목소리로 천천히 말했다.

"하지요. 하겠습니다. 주제에…"

한필순은 깜짝 놀랐다. 아무 설득도 하지 않고 오직 섬유 파동의 원인을 물었을 뿐인데 잠깐 생각하더니 자신이 평생 하고 싶다는 기초연구를 포기해 버리는 게 아닌가!

"무조건 하겠습니다. 원자력 기술이 없어 미국의 기술 무기화 협박에 간단히 넘어가 20여 만 명이 길거리에 나앉고 자살이 속출하는 나라의 연구원인 주제에 무슨 놈의 기초연구입니 까. 기초연구가!"

"고마우이. 이 박사."

"아닙니다. 한 가지만 묻겠습니다. 다른 나라로부터 기술을 배 워서 자기 나라 원전을 성공시킨 나라는 세계에 없는 것은 아 시죠?"

"알지."

"정부도 압니까?"

"대통령도 알지요."

"하여간 제가 맡으면 성공할 수 있다고 믿어 주셔서 감사합니 다. 국가와 국민이 나에게 원자력 기술을 배우게 해 줬으니까 그 기술을 국가와 국민에게 돌려 드리겠습니다. 그렇게 되도 록 제가 할 수 있는 모든 것을 다하겠습니다."

두 사람은 거의 울고 있었다. 서로에게 눈물을 보이지 않으려고 애쓰며 굳은 악수를 하고 헤어졌다.

그 후 한국 원자력개발원은 원전 설계의 기반 기술을 전수할 회사로 미국의 웨스팅필드를 선정했다. 말이 기술 전수지 단지 기술 자료를 구입하는 계약에 불과했다. 학생에 비유하면 교과서를 사는 것과 비슷했다. 그러나 사실은 교과서를 사는 것보다도 못했다. 왜냐하면 기술 선진국들은 한결 같이 핵심 기술 자료는 숨기고 내놓지 않기 때문이었다. 그렇다고 사는 쪽에서 항의할 수도 없었다. 왜냐하면 선진국이 가지고 있는 핵심 기술이 무엇인지를 아예 모르기 때문이다. 이런 이유로 기술 후진국은 비싼 대가를 치르지만 기술 자립을 하지는 못하게 된다. 결국 후진국의 굴레를 벗어날 방법은 없는 것이다.

나는 이 점을 잘 알고 있었다. 이를 돌파할 묘안이 필요했다. 고심 끝에 지금 생각해도 기발한 전략을 생각해 냈다. 마침 추진 중이던 한국의 11번째와 12번째 수입 원전인 한빛 3·4호기 설계에 한국 과학 기술자들이 미국 기술자들과 일대일로 참여하는 전략이었다. 설계를 공동으로 하자는 것이다. 묘안이었다. 왜냐하면 실제로 설계를 같이 하면 상대방이 가지고 있는 핵심 기술을 모두 알게 되기 때문이다.

웨스팅필드는 공동 설계는 말도 안 된다며 펄쩍 뛰었다. 원전 설계 경험이 없는 한국의 연구원들과 일대일 공동 설계를 하면 효율이 떨어져 제대로 일을 할 수가 없다는 주장이었다. 물론 진짜 이유는 자기네 핵심 기술의 보호였다. 양측은 팽팽한 기 싸움을 벌였다. 그런데 계약 포기 선언까지 하며 버티던 웨스팅필드는 어느 날 갑자기 이 제의를 받아들이겠다고 선언했다. 모두들 의아해했고 또 환호했다. 그러나 웨스팅필드는 바보가 아니었다. 이유가 있었다. 그것은 한 권의 용역 보고서 때문이었다.

한편, 한국 정부는 원전 설계를 위한 기술 자료를 받고 공동 설계를 하려면 적어도 90명이 필요하다는 나의 주장을 받아들이지 않았다. 원전 기술을 자립하라는 대통령의 원칙적인 지시는 '하는 시늉만 하면 되는 것'이었다. 어차피 불가능한 일이라고 생각하였기 때문이다. 예산을 쥐고 있는 한전은 산자부와 과기부 그리고 청와대 관리들을 설득하여 공동 설계 인원으로 결국 37명만을 배정하였다. 웨스팅필드의 설계 인력은 131명이었다. 나는 웨스팅필드의 로비가 벌써부터 작용하지 않았나 의심했다. 한필순도 한전의 태도에 크게 분개하였지만 해결 방법은 없었다. 두 사람 모두 대통령을 만날 기회는 주어지지 않았다. 그렇다고 지금 와서 포기할 수도 없는 일이었다. 일단 시작하고 방법을 찾아볼 수밖에 없었다.

미국 동부에 있는 윈저(Windsor) 시. 미국이 독립하기 150년 전에 영국이 인디언의 침입을 막기 위해 개척한 도시로 유구한 역사를 자랑한다. 웨스팅필드의 특수사업 직계 회사가 자리 잡고 있다. 윈저의 1986년 겨울은 유난히 눈이 많이 왔다. 30년 만의 최대 강설로 교통이 통제되고 산악 지대에서는 주민이 고립되었다는 보도가 잇따랐다.

2년여 만에 윈저 사무실을 방문한 웨스팅필드 회장 마이클 벤슨(Michael Benson)은 하얗게 덮인 설경을 감상하고 있었다. 피츠버그 본사 사무실은 바로 앞에 오하이오 강이 흘러 확 트인 느낌인 반면 여기는 산으로 둘러싸여 아기자기한 풍경이었다.

'지난 2년 동안은 한국의 한빛 3·4호기를 따내느라 전쟁을 치렀다. 이제 위기에 처해 있던 회사는 기사회생 하고 앞으로 한국에서 짓는 원전은 모두 따낼 수 있을 것이다. 한국을 발판으로 삼아 중국 등 아시아 시장에 다시 진출할 기회로 삼아야 한다. 한국 원자력개발원과 맺는 공동 설계 계약이 조금 걸리기는 하지만, 모두 잘 해결할 자신이 있다.'

조용히 한국에서의 성과를 음미하고 앞으로의 계획을 생각하고 있는데 인터폰이 울렸다. 비서 헬렌이었다.

"앤드류 브라운(Andrew Brown) 사장님 오셨습니다."

"아. 약속했었지. 들어오라고 해요."

브라운 사장은 벤슨 회장에게 두가지 보고서를 건넸다. 하나는 어제 도착한 한국 연구원들에 대한 간단한 현황 보고이고 다른 하나는 「한국인들의 미국 연수 상태와 대책」이란 제목의 용역 보고서였다.

"어제들 왔지요?"

"예."

"원전 설계를 같이 하겠다며 총 37명이 왔다 이거지요? 우리는 몇 명이지요?"

"131명입니다."

"경력들이?"

"우리 과학기술자들 평균 경력은 19.5년으로 모두 베테랑들이죠. 저 친구들은, 이력을 훑어 봤는데 대개 초짜들입니다."

"그 사람들 논리가 맞질 않아요. 기술 자립을 하기 위해 공동 설계를 해야 한다고 그렇게 요란하게 난리를 치더니만 실제로는 37명만 보내니 말이요."

"글쎄 말입니다. 그냥 다들 쇼 같아요."

"쇼라? 그동안의 그 요란한 주장은 그냥 그들 특유의 보여 주기 위한 행사에 불과하다라는 말인가요?"

"그렇습니다. 경험 없는 젊은이 30여 명만 보낸 것도 그렇고… 왜 저번에 말씀드린 그 용역 보고서가 정확한 것 같습니다. 한 번 보시죠."

"아~ 그 보고서!"

벤슨은 반가운 표정으로 보고서를 들추었다. 한국에서 나의 '공동 설계' 주장으로 협상이 난관에 봉착했을 때 브라운이 '공동 설계 주장을 받아들여도 별문제 없을 것'이라고 건의를 했었는데 그 건의를 하게 된 이유가 바로 이 보고서였다. 결국 이 보고서가 계약을 성사시킨 셈이었다.

벤슨이 말을 이었다.

"한국 사람들이 여기 와서 어떤 태도로 생활할 것인가에 대한… 두껍네."

"결론은 걱정할 필요가 없다는 겁니다."

벤슨은 이 보고서의 결론만 읽었다.

"한국에서 기술, 경영, 금융 등 연수를 받으러 미국에 온 대부분 사람들은 쇼핑, 여행, 영어, 특히 자녀들의 영어 교육 등에 많은 관심을 보인다. 미국에 와서 분만을 하여 자녀를 미국 시민으로 만드는 열정은 놀라울 정도다.

소문과는 달리 한국 사람들은 일반적으로 부지런하지 않다. 일본과 유럽 사람들의 경우는 할 일이 있으면 연휴나 샌드위치 데이에도 일하는 데 반해 한국 사람들은 미국 공휴일과 한국 공휴일 양쪽 모두 논다. 한국에서는 부지런한 사람도 미국에 오면 해이해지는 경향이 있는 것 같다.

연수 내용을 충실히 하기 보다는 연수를 잘 받았다고 본국에 보고하는 데에 더 중점을 두는 것으로 보인다. 따라서 엄격한 연수 계약 내용에 크게 신경 쓸 필요는 없다. 이들이 본국에 계약서대로 혹은 그 이상의 연수를 받았다고 보고할 수 있게

만 해 주면 된다.

우리와 판이하게 다른 그들의 특징 중 하나는 선물에 대한 성격 규정이다. 공적(公的) 관계인 사람에게서 비싼 금품이나 편의를 제공 받는 것은 뇌물인데도 불구하고 그들은 그렇게 생각하지 않는다. 값비싼 금품이나 편의를 제공하는 것은 자신을 존중하기 때문이라고 생각하고 감사해 한다. 그리고는 이에 보답하기 위해 뭔가를 해 주는 것이 사람의 도리라고 생각한다."

벤슨은 기분이 더 좋아졌다.

"계약이 체결된 후 한국이 취한 첫 번째 조치가 이 공동 설계 팀을 파견한 것이잖아요?"

"그렇습니다."

"그런데 턱도 없이 부족한 인원을 보냈다 이거지요? 이 보고서의 분석대로 '기술 자립을 했다'고 보고만 하려는 의도로 보이네요."

"그렇다니까요. 아까 내가 이 보고서가 정확하다고 말씀드렸잖아요. 하하하."

두 사람은 얼굴이 붉어질 만큼 크게 웃었다.

"괜히 지금까지 걱정 많이 했네."

"그렇습니다. 뭐 곁다리 부분만 골라서 대충 20% 정도 참여

시켜주면 자기들 편해서 좋을 거고….”

“곁다리 일만 20%라. 그러면 한국이 원자력 기술을 자립하는 위험은 완전히 없는 거죠?”

“물론입니다. 회장님은 이제 가족들과 유럽 휴가 떠나시면 됩니다. 2년간 전혀 못 쉬셨잖아요.”

“그러려고요. 감사합니다. 아, 중요한 것 한 가지. 좀 지나면 한국에서 정치인들이 올 겁니다. 한국에서 유행하는 유람성 외유지요. 이들에게는 무조건 여기 와 있는 한국 과학기술자들이 성공적으로 공동 설계 잘하고 있다고 칭찬을 번드레하게 해야 합니다.”

“그야 물론이지요.”

“그리고 밤을 기쁘게 해줘야 합니다.”

“밤을 기쁘게? 어떻게요?”

“어떻게라니? 밤을 기쁘게 하는 것은 술과 여자 말고 뭐 다른 게 있나? 선물 살 돈 좀 주는 것은 기본이고.”

“그래요? 정치인들이요?”

“그렇다니까.”

“그 사람들 다 배운 사람들이고 명색이 국민의 대표인데… 부끄럽게 생각하지 않나요?”

“앤드류. 이 용역 보고서가 정확히 맞다고 강조한 건 앤드류였잖아요? 부끄럽기는커녕 자신이 존중받았다고 자랑스럽게 생각한다니까. 돈을 주고 안 주고에 따라 태도가 180도 바뀌지.”

“그거 신기하네요.”

벤슨 회장은 시계를 보면서 결론을 말하는 분위기다.

“한국 사람들 쓰는 격언 중에 전화위복이란 말이 있어요. 어려움이 축복으로 바뀐다는 뜻인데 이 경우가 정확히 전화위복이지. 하하.”

“무슨 말씀인지….”

“이병령이 공동 설계를 주장할 땐 아찔했는데 지금 와서 보니 결국 한국 국민이 낸 세금으로 우리 인건비를 대는 꼴이 됐잖아요. 하하하. 허드렛일 20%라. 인건비 20%면 얼마나 큰돈인데…. 이병령에게 감사해야 돼. 하하.”

“그러네요. 하하하.”

둘은 오랜만에 즐거운 대화를 나눌 수 있었다. 벤슨이 자리에서 일어나며 회장답게 주의를 환기시킨다.

“브라운 사장! 그렇다고 방심하지 말고… 어떤 일이 있어도 한국이 원자력 기술을 자립하는 불상사가 일어나지 않도록 해야 합니다. 알았죠? 우리 생사가 걸린 문제니까.”

“물론입니다. 잘 알겠습니다.”

그들은 참으로 유쾌한 마음으로 회의를 끝냈다.

한국과 미국의 공동 설계 지분을 결정하는 첫 번째 회의가 열렸

다. 나와 앤드류 브라운 사장이 각 사의 대표이고 양쪽 모두 전
문 분야의 팀장들이 각각 5명씩 참석하였다. 서로 통상적인 인
사말이 끝나고 본격적인 업무 분장에 관한 이야기가 시작되자마
자 발언했다.

"우리 지분은 핵심 분야를 포함하여 50% 이상이어야 합니다."
나는 이 '핵심 분야를 포함한 50% 이상'은 한국의 원자력 기술
자립을 위해 물러설 수 없는 선이기 때문에 처음부터 못을 박아
야 한다고 생각했다. 회의실에는 적막이 흘렀다. 한참 후 브라운
사장이 입을 열었다.

"핵심 분야를 포함하여 반 이상이라. 닥터 이. 지금 연구원이
몇 명 왔나요?"

"사람이 많다고 일을 잘합니까?"

"아무리 그래도 그렇지. 우리는 131명인데 겨우 30여 명을 데
리고 와서는 반 이상을 하겠다니요?"

"그래요? 일하는 양을 사람 수로 계산하겠다?"

"그럼 뭘로 합니까?"

"몰라서 물으세요?"

"모르겠는데요."

"일하는 전체 시간으로 해야지요."

브라운의 눈이 좌우로 돌아갔다.

"그래서요?"

"여기 웨스팅필드 엔지니어들은 하루 8시간 주 5일 근무하지만, 우리는 보통 12시간씩 합니다. 일주일 6일 근무는 기본이구요."

웨스팅필드 쪽에서는 비웃는 듯한 표정과 몸짓들을 보였다. 한국쪽은 쥐 죽은 듯 조용하다. 모두들 눈망울을 반짝이며 나와 브라운의 논쟁에 집중하고 있었다. 브라운이 잠시 할 말을 잊은 듯 고개를 숙였다. 내가 말을 계속했다.

"그뿐이 아닙니다. 당신들은 1년에 휴가를 한 달 반, 그러니까 6주 간다고 들었는데… 맞습니까?"

아무도 대답이 없다.

"우리는 1주일이면 충분합니다."

브라운이다.

"한국 사람들 그렇게 일한다는 것은 우리도 들어서 압니다. 그러나 나로서는 받아들일 수 없습니다. 두 가지 이유입니다. 첫 번째는 여기 미국에 있는 웨스팅필드에 와서 공동 설계를 하니까 웨스팅필드와 보조를 맞추어야 하는 것이고 두 번째 이유는 그렇게 무식하게 일을 해가지고는 능률이 오르질 않기 때문입니다."

나는 즉시 반격했다.

"웨스팅필드와 보조를 맞추어야 한다는 주장은 근거가 없는 애매한 이유로써 우리의 참여를 막기 위한 핑계로 들릴 뿐이고 두 번째 이유로 말한 우리가 그렇게 무식하게 일해서 능률이 오르는지 안 오르는지는 해 보면 알 수 있으므로 지금 단정하는 것은 설득력이 없습니다."

브라운이 나름대로 이에 반박했고 나도 주장을 굽히지 않았다. 결국 기술을 가져오느냐 지키느냐의 전쟁이기 때문이었다. 시간이 많이 흐르면서 브라운이 오늘 회의는 여기서 마치고 다시 일정을 잡자고 제의하였다. 내가 발언했다.

"좋습니다. 회의를 끝내기 전에 한마디만 하겠습니다. 세상을 미국의 잣대로만 재지 마십시오. 우리 대한민국은 25년 전 국민소득이 80달러였습니다. 세계 최빈국이었지요. 경제가 기적적으로 발전했다고 세계가 칭찬을 하지만 이제 겨우 2천 달러가 넘었을 뿐입니다. 미국 3만 달러의 6~7% 수준이지요. 브라운 사장의 눈에는 우리가 무식하게 일하는 것으로 보이겠지만, 우리는 아닙니다. 우리는 살기 위해 열심히 하는 것뿐입니다. 심지어 우리는 여기에 국민의 혈세를 가지고 왔습니다. 원자력 기술을 자립해야 나라가 살 수 있기 때문입니다. 왜 원자력 기술을 자립해야 나라가 살 수 있느냐고요? 내가 굳이 말하지 않아도 여러분들 모두 알고 있지 않습니까? 미국이 그렇게 교육시켜준 사실을요."

분위기는 내 쪽으로 흘렀다. 브라운은 서둘러서 폐회를 선언했다.

내가 회의실에서 나와 혼자 걸어 나오다가 뒤를 돌아보니 회의에 참석했던 한국 쪽 팀장 모두가 인기척 없이 뒤를 따라오고 있었다.

사무실로 돌아온 브라운 사장은 벤슨 회장에게 전화를 걸려다가 참았다. 심각한 문제이긴 하지만 그럴수록 어떻게 해서든 자기 힘으로 해결해서 능력을 보여 줘야 한다고 생각했기 때문이다. 브라운은 즉시 간부 회의를 소집하여 원래 방침대로 강하게 밀고 나갈 것을 지시했다. 기술은 우리의 일자리이고 미래라는 사실을 여러 번 강조했다.

5일 후 브라운은 공동 설계 계획서를 만들어 웨스팅필드의 방침을 공식화했다. 주변 기술 위주로 22% 정도를 한국에게 배당하겠다는 내용이었다. 역시 한국 국민의 세금을 웨스팅필드에게 갖다 주는 꼴은 마찬가지였다.

나는 즉시 역 제안서를 만들었다. 물론 핵심 분야만 골라서 50%를 맡는 내용이었다. 예상대로 웨스팅필드는 반발했다.

"이 박사. 당신은 우리의 한빛 3·4호기 프로젝트를 방해하러 왔군요. 우리 일의 방해꾼이로군요."

그때까지는 그래도 서로 체면은 지키던 분위기였는데 살벌하게 바뀌었다. 웨스팅필드 측은 나를 마치 깡패 대하듯 했다. 평균 경력이 19.5년인 웨스팅필드 기술진 131명은 주변 기술에 관한 일만 하고, 신출내기 한국 기술자 37명이 모든 핵심 기술을 포함한 반 이상을 맡겠다고 덤비니 이게 말이 되느냐는 반박이었다. 솔직히 맞는 말이다. 그러나… 그러면 우리는? 이건 논리의 문제가 아니었다. 국가 이익을 위해서는 전쟁도 하는 것인데 논리에 밀려 국가 이익을 포기할 수는 없었다. 계약서에 '1:1'이라고 되어 있으니 이것을 안 지킬 수는 없지만, 우리와 웨스팅필드가 참여하는 분야에 대한 규정은 없으니 '핵심 기술 독식'은 우리가 여기서 싸워 이기면 되는 것이었다. 제2, 제3의 섬유 파동을 겪을 수는 없었다. 서민이 죽고 나라가 망하니까….

며칠간의 진흙탕 싸움을 벌이고 나서 웨스팅필드는 새로운 계획서를 제출하였는데 뜻밖에 45% 정도의 일 량을 제시했다. 나는 귀가 솔깃하였다. 그러나 검토해 보니 다시 허드렛일 위주였다. 평소 친하게 지내던 유태계의 한 간부가 이리저리 돌려서 나를 설득하려 했다. 45%이면 실제로 반 가까이 참여한 모양새니까 그렇게 한국에 보고하면 되는 것 아니냐, 한국의 누가 핵심 분야고 뭐고 알겠느냐는 취지였다. 그 미국에 일하러 온 한국 사람들에 대한 용역 보고서 내용 중 '본국에 보고만 잘 하면 되는 풍토'를 따라한 짓거리였다. 나는 아무 말도 하지 않고 계획서 겉표지 전체에 굵은 매직펜으로 ×자를 그려 돌려줬다.

브라운 사장은 매직펜으로 ×자가 그려진 계획서를 보고는 즉시 피츠버그로 벤슨 회장을 찾아갔다.

"내 힘으론 도저히 안되겠습니다. 죄송합니다."

"알겠어요. 내가 알아서 처리할게요."

3일 후 나는 장관의 전화를 받았다. 뭔가 압력이 있을 것 같은 예감이 나를 불쾌하게 긴장시켰다. 언젠가 브라운이 벤슨과 함께 청와대를 방문했고 정보부장과 저녁 식사를 같이 했다고 말한 적이 있었다.

"아이고. 이 박사님, 이역만리에서 얼마나 수고가 많으십니까?"

"장관님. 바쁘실 텐데 전화를 다 주시니 감사합니다."

"별 말씀을요. 진작 전화해서 격려를 했어야 하는데 미안합니다."

"천만에요."

"내가 전화를 한 이유는요. 첫째는 수고 많은 이 박사님 목소리를 듣고 싶어서고요. 두 번째는 우리 한국과 미국의 기술계가 서로 협력하는 좋은 분위기가 계속되기를 바라는 마음을 이 박사께 전달하기 위해서입니다."

"죄송합니다. 무슨 말씀이신지…."

"아, 이 박사님 잘 아시다시피 웨스팅필드가 원자력 쪽에 많은 기술을 가지고 있는데 지금까지는 우리와 협조가 잘 됐었

거든요. 그런데…."

"그런데요?"

"아, 솔직히 벤슨 회장이 며칠 전에 나한테 전화를 해서 이 박사가 열심히 하는 건 좋은데 너무 논리에 안 맞는 주장을 펴서 자기가 어렵다고 하소연을 해서요."

"무슨 말씀인지 알겠습니다. 장관님께 한 가지 묻겠습니다."

"좋습니다."

"원전 기술 자립을 하겠다는 우리 정부의 방침은 확고합니까?"

"물론입니다."

"기술 자립을 하기 위해 공동 설계를 하기로 했고 계약서에까지 명시한 것도 아시죠?"

"물론이죠."

"자, 그럼 웨스팅필드 원전 설계 직원이 131명인지 빤히 알면서 왜 37명만 주는 한전의 계획에 동의하셨습니까?"

"…"

"장관님이 설마 국가 기술 자립을 뒤에서 방해하려고 그랬을 리는 만무하고, 저 보고 37명 데리고 가서 웨스팅필드 131명과 맞먹는 일을 하라는 뜻 아니었나요? 저는 거기에 맞추어 장관님이 주신 의무를 완수하려고 노력하고 있는 것뿐입니다."

장관은 몹시 당황스러워했다. 그렇다고 벤슨 회장에게 큰 소리 친 게 있는데 그냥 물러설 순 없었다.

"이 박사. 말하는 뜻은 잘 알겠는데, 한미 관계가 중요하단 말이요. 한미 관계가."

"예?"

"알겠는데… 하여간 나는 이 박사를 좋아하는 사람으로서 이 박사가 계속 원자력개발원에 남아 큰일을 해 주기를 바라는 것뿐이요."

협박이었다.

"…"

"내 말 잘 새겨들으시고 자, 그럼 수고하세요. 다음에 봅시다."

장관은 서둘러 전화를 끊었다.

나는 분개했다. 열불이 머리끝까지 올라가 정말 뚜껑이 열릴 것 같았다. 그렇다고 할 일이 산더미인데 이런 쓸잘 데 없는 일에 시간과 신경을 허비할 수는 없었다. 그래도 뒤숭숭하고 불쾌한 마음을 추스르는 데는 며칠이 걸렸다.

얼마 후 웨스팅필드 종업원인 한국계 미국인이 점심을 같이 하자고 방으로 찾아왔다. 식사 후에 숲속 산책길을 걷자고 제의했다.

"제가 오늘 이 박사님께 혼날 얘기 좀 해야겠습니다. 하하."

"혼날 얘기? 혼 안 낼게 해봐요."

"정말 화 안 내시는 거죠?"

"…"

이 사람이 갑자기 심각해졌다.

"고민 많이 했습니다. 사장 부탁이면 제가 거부했을 텐데 회장 명령이라 거부할 수가 없었습니다. 여기서 식구들과 밥 먹고 사는 형편에."

나도 심각해졌다.

"도대체 무슨 얘긴데?"

"저기, 회장이요, 만일 이 박사님이 웨스팅필드 제의를 받아주시면 큰 거 한 장을 절대 안전하게 드리고, 그리고 웨스팅필드의 가족이 되셔서 한국에서 큰일을 하시게 책임지고…"

나는 멈춰 서서 그 사람을 쳐다봤다. 그 사람은 자기를 노려보는 나의 시선을 이기지 못하고 말을 중지했다.

"뭐야, 당신 사람 잘못 봤어!"

"죄송합니다. 이제 저는 임무를 마쳤습니다. 죄송합니다. 감사합니다."

그 사람은 달아나듯 혼자 가 버렸다. 여기서는 한국 사람들은 모두 돈 주면 그저 고마워하며 받는 것으로 알려져 있었다.

'아! 창피하다. 제발 그만들 좀 처먹어라!'

나는 또 며칠간 마음을 추슬러야 했다.

그러고 나서 며칠 후 다시 한국에서 전화가 왔다. 이번엔 실세 정치인이었다. 장관과 비슷한 말을 했다. 협박성 멘트도 같았다. 내가 마지막으로 물었다.

　"하신 말씀 모두 대통령의 뜻입니까?"

　"알아서 판단하시죠."

일찍 퇴근하여 고속도로를 달렸다. 차 안에서 큰 소리로 몇 번이고 고함을 질렀다.

　"야이~ 거지발싸개만큼도 못한 개새끼들아!"

그날 밤 잠이 오질 않았다. 먼 나라 미국 동부의 한 도시. 오직 국가 이익을 챙겨야 한다는 책임감 때문에, 웨스팅필드에게 논리에서 밀리면서, 그 거대 조직과 그 사무실에서 벌이는 이 투쟁, 그리고 도와줘야 할 고위 관리들이 되레 웨스팅필드 이익에 앞장서고 협박까지 하는 현실에서…. 나는 외로웠다. 많이 외로웠다. 나는 애꿎은 텔레비전 채널만 돌리며 밤을 하얗게 새고 있었다. 가난한 어린 시절을 보내서 그런지 아이들에 대한 책임감이 유달리 강한 가장으로서의 나, 그리고 어떻게든 기술을 자립해야 한다는 의식을 가진 지식인으로서의 내가 머릿속과 가슴 속에서 싸움을 벌이고 있었다. 나의 딸과 아들은 당시 여덟 살과 일곱 살이었다.

2층에서 인기척이 들렸다. 1층 거실의 불빛 때문에 잠을 깬 아내가 걱정스런 얼굴로 무슨 일이냐고 물었다. 상황을 대충 설명했다.

"내가 여기서 물러나면, 그동안 살면서 생각하고 이야기했던 그 숱한 말들은 모두 위선이 되어 버리는데… 그러고도 살 수 있는 것인가. 그리고 끝까지 버티면 결국 나는 연구원을 쫓겨날 것이다. 이 나이에…."라고 푸념을 늘어놓았다.

진지하게 듣고 있던 아내가 갑자기 공격적으로 말했다.

"당신 참 바보로군요. 지금까지 살면서 그렇게 보지 않았는데… 입으로는 늘 이순신 장군 같은 분은 국가를 위해서 목숨까지 바쳤는데 우리야 뭐 죽기까지야 하겠느냐며, 우리도 죽지 않는 범위 내에서 뭔가 멋있게 해 보자고 평생 이야기하지 않았어요? 당신 말대로 죽는 것도 아니고 고작 개발원 그만두는 정도인데, 생계 문제라면 우리 둘 다 몸 건강하니 구멍가게를 하든 배추장사를 하든 네 식구 먹고 살지 못하겠어요? 왜 그리 나약해지셨나요?"

오랫동안 같이 살면서 아내가 이렇게 단호하게 말하는 것은 처음이었다. 조용하고 유순한 성격의 아내였던지라 놀랐다. 그리고 좀 겸연쩍었다. 아내의 어디에서 저런 '깡다구'가 솟아나오는 걸까? 아내로부터 이런 이야기를 들은 나는 막혔던 무언가가 확 뚫린 느낌을 받았다. 어느 변비약 선전 문구처럼 날아갈 것 같은 기분이었다. 평소보다 일찍 조깅하고 샤워한 후 아침까지 든든히 먹고 건강한 새처럼 '날아서' 출근했다.

그날은 1987년 4월의 어느 수요일이었다. 브라운 사장을 만나겠다는 전화를 하자 10분도 안 돼 연락이 왔다.

"이 박사님. 앉으시죠."

"앉을 필요까진 없고, 간단히 이야기하고 돌아가겠습니다. 모든 핵심 기술을 포함하여 반 이상을 맡겠다는 우리의 제안이 금요일, 그러니까 모레까지 받아들여지지 않으면 우리 팀 전원은 다음 주 일주일 내내 출근하지 않겠습니다. 만약 그때까지도 받아들여지지 않으면 전원 귀국하겠소. 우리가 여기에 온 것은 기술 자립을 하려는 목적이지 한국 국민의 세금을 쓰면서 웨스팅필드 돈 버는 것을 도와주러 온 것이 아니기 때문입니다."

한 술 더 뜬 도박이었다.

'이래도 될까?'

나는 좀 불안했다. 그러나 마음을 다시 추슬렀다.

'제기랄 죽기야 하겠어?'

안 그래도 하얀 브라운의 얼굴이 더욱 하얗게 질리는 것을 보고 그대로 나와 버렸다. 오히려 마음은 홀가분했다. 본국과는 전혀 상의하지 않은 일이라 이미 모든 것을 각오한 상태였다.

다음날은 목요일, 웨스팅필드는 비상이 걸린 것 같았다. 주요 간부들은 회의로 종일 자리에 없었다. 나는 겉으로는 평상시와 다

름없이 하루를 보냈다. 금요일 아침에는 사전 약속도 없이 사장이 불쑥 내 방으로 들어왔다. 엄지손가락을 위로 올리며 말했다.

"유 원.(You won : 당신이 이겼습니다.)"

나는 등골이 오싹해지는 것을 느꼈다.

"축하합니다."

"감사합니다!"

나는 누구에겐가 감사했다.

"그러나 당신의 제안을 받아들이는 것은 3개월간만 유효합니다. 계속 그렇게 할지는 그때 다시 결정합시다."

3개월간 시험적으로 해 보자는 웨스팅필드의 제안에는 '너희들이 그 인원으로 가장 어려운 일만 골라 반을 하는 것은 불가능하다'라는 확신이 깔려 있었다.

곧바로 연구원들을 모아 지금까지의 협상 과정을 설명하자, 모두들 반기면서도 표정에는 어둠이 묻어나오는 묘한 분위기가 흘렀다. '우리가 할 수 있을까?' 하는 공포가 밀려들었다. 나는 포효했다.

"우리의 주장은 다분히 논리적이지 못하다. 웨스팅필드의 장기 경력 기술자 130명이 겯가지 일을 하고, 한국에서 온 신참 37명이 핵심 분야 모두를 맡는 것은 억지에 가깝다. 잘 안다. 그러나 우리가 이 일을 할 수 있는가, 없는가가 결정 나는 그 순간에 대한민국 원전이 생기느냐 마느냐도 판가름 난다는 것을 우리 모두 알아야 한다. 이 기술이 없어 20만 명이 길에 나앉았고 여러 명이 자살했다. 앞으로 또 무슨 일이 일어날지 아무도 모른다. 이 일이 나 혼자 해서 되는 일이라면 마음으로는 앞으로 3개월간 잠자지 않고 일할 수 있을 것 같다. 그러나 우리 모두가 함께 해야 할 수 있는 일이다. 우리 한번 멋있게, 보란 듯이 해 보자."

분위기는 비장했다.

"과연, 우리의 역사가 자랑스럽다고 말할 수 있는가. 가난하고 힘이 없어 침략만 당했던 오욕의 역사를 두고 평화를 사랑한 민족이기 때문이었다고 둘러대는 것은 아닌가? 헐벗는 서민 한테서 곡식을 뺏어다가 중국에 공물로 바치고, 심지어는 여염집 딸을 이민족의 성적 노리개로 보내고 아들을 노예로 보내야 했던 모욕을 어떻게 설명해야 하는가? 우리는 죽기를 각오하고 선진국이 되어야 한다. 그러기 위해서는 기술이 있어야 한다. 우린 그 첨병이다."

좌중엔 비장한 눈빛들이 오갔다. 몇몇 연구원들은 눈물을 비쳤다. 3개월간 하기로 한 일을 모두 하지 못하면 대한민국의 과학기술자들은 웨스팅필드의 심부름꾼으로 전락하든지, 아니면 보따리 싸서 집으로 돌아가든지 양자택일을 해야 할 판이었다.

시간이 지날수록 기적 같은 일들이 일어나고 있었다. 이건 야근 정도가 아니었다. 잠의 개념이 바뀌었다. 잠이란 것은 하루에 한 번씩 꼭 자야 하는 것이 아니라, 시간 있으면 하고 없으면 안 하는 그런 것이었다. 내가 새벽잠이 깨어 사무실에 나가보면 연구원들이 계속 일하고 있는 모습을 볼 수 있었다.

많은 연구원들이 자신의 웨스팅필드 측 파트너가 나쁜 놈이라고 항의해 왔다. 2주 걸릴 일을 1주 만에 끝내고 빨리 다음 일을 달라고 요구해도 안 준다는 불평이었다.

약속한 3개월이 되기도 전에 분위기는 완전히 바뀌어 버렸다. 패도 보지 않고 베팅을 한 격이었지만 나의 히든카드는 정말 멋졌다. 그리고 그 히든카드의 무늬와 숫자가 거의 다 그려질 무렵 나는 웨스팅필드 사람들을 만날 때마다 목에 깁스를 했고 얘기할 때마다 목소리를 한 옥타브 올릴 수 있었다.

결국 한국은 세계에서 네 번째로 자국(自國) 원전을 가진 나라가 되었고 나는 이를 한국형원전이라고 이름 지었다. 울진 3·4호기를 시작으로 그 후 한국에 짓는 모든 원전(14기)이 이 한국형원전으로 건설되었으며 북한에 짓는 원전을 한국형원전으로 해야 한다고 세계를 향해 큰 소리 치고 2009년에는 결국 미국과 일본과 프랑스를 물리치고 UAE에 한국형원전 4기를 수출하는 개가를 이루었다. 세계가 놀란 것은 물론이었다. 계약금은 20조 원이었고 앞으로 제공되는 기술 서비스의 대가로 두고두고 약 20조 원이 더 들어올 것이다. 이런 수출이 열 건만 이루어지면 세금 더 걷지 않고도 복지국가가 될 수 있다.

그리고 물론, 미국을 위시한 그 어떤 나라도 한국에 대하여 원전 기술을 무기화하는 짓은 더 이상 할 수 없게 되었다. 외국에 원전 사주고 정치자금 챙기던 '관행'도 없어지지 않을 수 없었다.

4장

미국의
핵 정책을 넘어…

"한국형이냐 아니냐"의

치열한 전쟁

북핵. 우리는 언제 부터인가 북한 핵무기를 이렇게 줄여 부르기 시작
했다. 나의 기억으로는 1990년 말부터이다. 북한 핵무기라는 사건 이
시작 된 1994년부터 7, 8년 동안 계속 톱뉴스가 되다보니 지겹기도
하고 귀찮기도 하여 이렇게 줄여 부르게 된 것 같다. 그리고 나서 근
20년이 흐른 오늘도 북핵 문제는 여전히 우리의 어쩌면 세계적으로
도 톱 뉴스다.

나는 북핵의 초기 단계인 1994년부터 이 문제를 해결하려는 국제 활
동에 참여하였다. 이 글은 북핵을 없애는 대신 북한에 원전을 지어주
는 국제 사회의 공개적인 노력 중에도 열강은 북한의 핵에너지를 장악
하려는 각축전을 벌였다. 그 일단을 소개한다.

태풍의
워싱턴D.C.

──────────────────────── 1993년 3월 12일, 북한은 세계
를 발칵 뒤집어 놓았다. 국제원자력기구(IAEA)의 특별 사찰 요구
를 거부하고 핵무기비확산조약(NPT) 탈퇴를 선언하였는데 이는
핵무기를 만들겠다는 확실한 의사 표시였기 때문이었다. 북한은

곧 이를 말로만이 아닌 실행에 옮기는 조치를 취하였다. 즉 5메가와트(이하 MW) 흑연감속로에서 핵연료를 들어낸 것이다. 핵연료를 들어낸 것은 여기에서 핵무기 원료인 플루토늄을 추출하겠다는 구체적인 행동이었다.

세계는 긴장하였고 즉시 유엔안전보장이사회가 열려 북한에 대한 제재 논의가 시작되었다.

직접 당사자인 한국이 가장 예민하지 않을 수 없었다. 더군다나 서방 소식통에서 흘러나오는 '북한이 이미 플루토늄을 확보했다' 아니 '벌써 핵무기를 가지고 있다' 등의 소문이 한국을 긴장시켰고 급기야 북한 고위 인사가 '서울을 불바다로 만들겠다'고 발언하면서 온 국민은 불안에 떨었다. 라면과 생수 등 생활필수품을 앞다투어 사재기도 하였다.

그런 와중에 지미 카터 전 미국 대통령이 중재 역할을 자임하면서 김일성 북한 주석을 만나기 위해 평양을 방문했다. 그리고 곧바로 평양으로부터 날아온 반가운 소식이 전 세계 언론의 톱을 장식했다. 즉, 김영삼 대통령과 김일성 주석이 정상회담을 하기로 하였고, 미국이 원자력발전소를 지어 준다면 북한은 플루토늄을 생산하는 흑연감속로를 폐쇄하고, IAEA의 특별 핵사찰을 허용하며 핵확산 방지 조약(NPT)을 준수하겠다는 정치적인 합의가 이루어졌다. 전쟁의 불안에 휩싸여 있던 한국에겐 한숨을 돌리게 하는 낭보였다.

미국 정부는 북한의 핵무기를 잠재울 수 있는 이 합의의 후속 조치를 마련하기 위하여 한미일 3국 회담을 급히 소집하였다.

한·미·일 3국 회담이 열리기 며칠 전, 대전의 한국 원자력개발원 원전사업 센터장실. 고위 간부들이 회의를 하고 있었다. 한국 원자력 외교 활동의 주축인 원자력 정책부장이 4일 후 워싱턴 D.C.에서 대북 원전 지원 문제를 다룰 3국 회담이 열리는데, 정부의 준비가 전무한 것 같으니 내가 참석하는 것이 좋겠다고 말했다.

그러나 나는 당시 미국과 프랑스에 2주간의 출장을 다녀온 지 이틀밖에 되지 않았었다. 특히 이번 출장은 예민한 기술 협력에 대한 가계약 성격의 양해각서(MOU)를 세 건이나 작성하는 강행군이었기 때문에 몹시 피곤한 상태였다. 나는 가능하면 다른 사람이 갔으면 좋겠다고 말하고는 연구실로 왔다. 이 이야기를 전해 들은 후배 연구원 두 명이 나를 찾아왔다. 그들은 그 워싱턴 회의가 아무래도 수상쩍으니 내가 꼭 가야 할 것 같다고 주장했다. 심지어는 직무유기 운운하며 당장 수속을 밟으라고 졸라댔다. 결국 나는 후배들에게 설득 당했고, 채 여독이 풀리지 않은 피곤한 몸으로 뉴욕 행 비행기를 타야 했다. 뉴욕에 도착해서야 외무부에서 나온 외교관과 처음 인사를 나눌 정도였으니, 정말로 한국 측 회담 준비는 전무했다고 해도 과언이 아니었다.

뉴욕에는 태풍이 몰려오고 있었다. 미국 국내선 비행기가 뜨지 못하여 기차를 이용했지만 기차도 몇 시간이나 연착되어 워싱턴에는 회담이 열리는 날 새벽에야 겨우 도착할 수 있었다. 이번 회합은 한미일 3국 정부 간의 회담이니 외교관들이 책임을 맡아 진행할 것이었기 때문에 나는 큰 부담을 느끼지 않았다. 그저 원자력에 대한 기술 자문만 잘 하면 되려니 하는 비교적 편한 마음이었다.

그러나 그것은 착각이었다. 이 회담에서 한반도 정세를 뒤바꿀만한 중대한 문제가 논의될 뿐만 아니라 나 자신의 생애를 송두리째 바꾸는 엄청난 사건이 일어난다는 사실을 까맣게 모르고 있었다.

1994년 6월 13일, 미국 워싱턴D.C.에 위치한 미 국무부 6층 대회의실. 회의실에 도착한 나는 참석자의 규모를 보고 깜짝 놀랐다. 30명이 넘는 사람들이 웅장한 대형 테이블에 둘러앉아 좀 늦게 도착한 한국 팀을 기다리고 있었다.

세계의 핵을 관장하는 미국에서는 국무부, 국방부, 에너지부, 그리고 CIA에서 20여 명이나 되는 대표단이 나온 것은 그렇다 치고 일본은 제3자인데도 불구하고 통상부, 외무부로 구성된 10여 명이 나와 있었다. 이에 반해 당사자인 한국은 외무부, 과기부, 한국 원자력개발원에서 나온 4명이 전부였다. '북한의 핵무기'라는 국가 위기 상황에서도 한국 정부는 이 회담에서 미국이 무엇을 논의하려 하는지도 모르고 그냥 오라니까 온 것이었다.

미국 대표가 발언을 시작하였다. 편한 마음으로 듣고 있던 나는 미국 대표의 발언을 듣고 경악을 금치 못했다.

한국에는
한국형이…

──────────────────── "지미 카터와 김일성이 평양에서 무엇을 합의했는지는 모두들 잘 아실 것입니다. 그렇지만 카터가 현직이 아닌 야인이기 때문에 어디까지나 비공식 합의일 뿐입니다. 7월 중순에 열릴 제네바 북미 회담에서 북한이 핵무기 개발을 동결하는 대가로 원전을 지어 줄 것을 공식 요청할 것 같습니다. 자금 부담 문제는 나중에 이야기하고 이번 회의에서는 북한에 제공할 원전을 어느 나라 원전으로 할 것인가에 대하여 논의를 했으면 합니다."(이미 한미 최고 지도자들끼리는 한국이 대부분의 돈을 내는 것으로 합의했던 것으로 알려졌다.)

그리고는 참석자들이 의견을 내놓을 틈도 없이 곧바로 러시아형 원전인 VVER을 제공하는 것이 어떻겠느냐고 제의하였다. 이

제의는 미국 정부의 공식 의견은 아니라고 말을 했지만, 회담장에 나온 미국의 국무부, 국방부, CIA, 에너지부 4개 부서의 공통된 견해라고 이야기함으로써 사실상 미국 정부의 공식 결정이라는 점을 분명히 했다. 미국 정부는 어느 나라 원전으로 해야 할지 자기들 나름대로 이것저것 고려하여 러시아 원전이 최선의 선택이라고 결정하고 이번 회의에서 한국과 일본의 동의를 얻어내려는 계획이었다. 그런데 말이 동의이지 사실은 통보나 다름없는 분위기였다.

준비 없이 회담에 온 한국 팀은 예상 밖의 상황에 당황하였다. 대북 원전 지원 문제는 불과 2주 전에 카터와 김일성 사이에서 원칙적인 합의가 되었을 뿐이었고, 구체적인 작업은 어느 정도 시간을 두고 구체화될 것으로 예상되었기 때문이었다. 모두 원자력 전문가인 나만 쳐다봤다.

이 회담을 쉽게 생각했던 나도 놀라고 당황스러웠다. 러시아는 불과 8년 전인 1986년 사상 최대의 체르노빌 사고를 일으킨 나라로서 원전의 안전에 대한 개념이 매우 희박한 나라인 것을 잘 아는 나로서는 정신이 아득해졌다.

'아니, 그 위험하기 짝이 없는 러시아형 원전을 7천만이 옹기종기 모여 사는 좁아터진 한반도에 세운단 말인가?'

사고라도 한 번 나면 한민족 전체의 운명이 어떻게 될 수도 있는 상황이었다.

'자, 어찌해야 하나. 사실상 세계를 지배하는 미국이 러시아형 원전을 내정했다면, 결국 그렇게 될 수밖에 없을 텐데…'

이건 보통 문제가 아니었다.

나의 머릿속은 이런저런 생각들로 복잡하게 돌아갔다. 미국이 북한에 러시아형 원전을 제공하려는 의도는 명백했다. 파탄 지경에 있는 러시아 경제에 25억 달러의 커다란 선물을 안겨 주고 그 대가로 북한 핵문제 해결에 도움을 받으려는 속셈이었다. (러시아 원전은 한국형을 포함한 서구형보다 안전장치가 허술해서 값이 싸다. 같은 규모의 한국형 원전은 약 50억 달러 정도이다.)

나는 한국이 이를 받아들일 수 없는 이유를 정리했다.

러시아형 원전이 위험하다는 사실 외에도, 한국 주도로 북한에 원전을 건설한다는 것은 꽉 막혀 있는 남북 사이에 해방 후 최초로 경제협력의 문이 열리는 것인데, 그 문지기를 러시아가 담당하는 것은 대단히 부당하다고 확신했다. 이는 자신이 외교관이 아니라고 해서 피해갈 수 있는 문제가 아니었다.

정면 돌파를 결심했다. 그리고 발언을 시작했다. 우선 러시아 원전 VVER의 단점, 특히 불안전성을 조목조목 지적했다.

"VVER은 물의 힘으로 에너지를 내는 원자로라는 뜻인데, 기술적으로는 가압(加壓) 경수로의 일종입니다. 일찍이 소련은 잠수함 및 쇄빙선의 동력으로 이 원자로를 사용했고, 이를 토대로 440MW급 원자로인 VVER-440을 개발했습니다. 그리고

81년에는 개량형인 1,000MW급 VVER-1000을 건설했지요. 그런데 러시아 원전은 국제 원자력계에서 안전 계통이 취약하다는 평가를 받고 있습니다. 기본 안전장치인 격납용기조차 허술하기 짝이 없습니다. 계측제어 시스템의 신뢰도 또한 매우 낮으며, 고장도 자주 발생하고 있고요. 아울러 출력 분포와 제논(Xe)에 의한 출력 변화 등을 체계적으로 제어하는 기능이 없을 뿐만 아니라 화재 예방 계통 등 발전소의 재난에 대한 예방 대책도 미비합니다.

이러한 이유로 통일 독일은 구 동독에서 가동 혹은 건설 중이던 8기의 VVER 원전을 모두 폐쇄한 바 있습니다. 독일 정부가 150억 달러라는 많은 자산을 포기한 이유는 오직 VVER의 안전성이 문제가 되기 때문이었습니다. 캘리포니아보다도 좁은 한반도에 이런 불안전한 원자로를 설치할 수는 없다고 확신합니다. 한국형원전으로 해야 합니다."

미국의 제안에 한국과 일본이 큰 이의 제기 없이 쉽게 합의를 볼 것으로 낙관했던 회담장 분위기는 나의 발언으로 갑자기 뒤숭숭하고 불편한 분위기로 바뀌었다. 미국 대표 한 사람이 즉시 불편한 심기를 드러냈다.

"한국형원전요? 우리는 들어 본 적도 없습니다."

"한국이 설계하고, 한국이 기기를 제작하고, 시공도 한국이

하는데 왜 한국형이 아닌가요?"

"도대체 한국이 언제 원전의 설계 기술을 자립했단 말입니까?"

"아~ 아직 모르시는 군요. 설명 드리지요."

나는 자신을 껄끄러워하는 분위기를 개의치 않고 한국형원전의 존재와 장점을 역설하기 시작했다.

"한국형원전은 미국 웨스팅하우스로부터 들여온 기초 기술과 30년에 걸친 우리의 연구 경험을 결합시켜 만든 한국의 고유 모델입니다. 1998년과 1999년 완공을 목표로 건설되고 있는 울진 3·4호기가 한국형원전의 첫 번째 상업로이지요. 한국의 축적된 기술을 이용하여 안전성과 신뢰성을 획기적으로 증진시켰고 한반도의 지질 조건, 해수, 온도 등의 지리적 특성과 사람의 체형 등을 고려하여 설계했습니다. 이미 지난 92년부터 국제 원자력 학술지에 이 한국형원전이 KSNP(Korea Standard Nuclear Plant)라는 이름으로 소개되고 있으며, 모든 원자력 전문가들이 그 안전성과 경제성, 신뢰성을 높게 평가하고 있습니다."

회의실은 반신반의하는 어정쩡한 분위기로 바뀌었다.

나는 말이 나온 김에 분단 한국의 정치적 특성을 이야기하는 것이 좋겠다고 생각했다.

"이러한 기술적인 이유 말고도 우리에게는 정치적인 이유가 있습니다. 한국형원전이 채택되면 매년 수만 명에 이르는 남한 사람들이 북한에 들어가 북한 사람들과 함께 일하게 됩니다. 한반도 분단 이후 최초로 진정한 의미의 남북교류가 시작되는 것이지요. 이 사업은 7~8년이 소요되는 건설 기간뿐만 아니라, 완공 후에도 발전소 관리를 위해 지속적인 남북한의 상호협력을 필요로 합니다. 따라서 북한에 대한 원전 지원은 북한의 핵 개발을 저지하는 한편, 우리 한민족으로서는 한반도에 평화를 정착시키고, 평화적 통일의 기반이 될 수 있는 사업입니다. 그러기 위해서는 한국이 들러리가 아니라 중심적 역할을 수행해야 하며, 그 전제가 바로 한국형원전인 것입니다. 또한, 비용 문제에 대해서는 아직 아무것도 논의된 바 없지만 이 사업에서 한국이 상당한 비용을 부담하게 되리라는 점은 예상할 수 있고 정보도 있습니다. 돈은 한국이 내고 제품은 러시아형으로 하는 것은 받아들이기 어렵습니다."

미국의 일방적인 회의 진행을 지켜보며 그들의 각본을 알게 된 나는, 전문가로서의 강점을 발휘하여 열변을 토했다. 미국과 일본 대표 수십 명을 사실상 혼자 상대하고 한국 대표들조차 못마땅한 눈빛으로 쳐다보는 이상한 '한국형 논쟁'이 한 시간이나 계속되었다. 한국 협상 팀원들끼리 사전 협의가 없어 한국 외교관들마저도 한국형원전이 존재하는지조차 모르고 있었다.

나만이 모든 것을 알고 있었으니 여유가 생겼다. 미국 대표들과 일본 대표들이 자존심이 상할 것을 걱정하면서 나는 지금까지 되어 온 역사적인 사실들을 설명했다. 일본이 웨스팅하우스에서 기술을 들여올 때 일본이 어떻게 했으며 한국의 경우는 어떠했는가를 자세히 이야기했다. 일본 대표의 얼굴이 일그러졌다. 자기들이 하지 못한 것을 한국이 했다는 사실에 자존심이 상한 것이다. 미국 대표도 불유쾌한 표정을 지었다. 미국 회사인 웨스팅하우스가 한국에게 당한 것 같은 느낌이 들어 역시 자존심이 상한 것 같았다.

"무슨 말을 하는지 모르겠습니다. 그럴 리 없습니다."

이 사람이 나의 자세한 설명을 듣고도 이렇게 반응하는 것은 이해할 만했다. 왜냐하면 한국이 웨스팅하우스와 맺은 이 기초 기술 이전 계약은 세계 계약 역사상 전례가 없을 뿐만 아니라 특히 기술 후발국인 한국이, 일본과 프랑스도 하지 못한, 미국의 승인 없이 수출할 수 있는 계약을 맺었으리라고 믿기는 쉬운 일이 아니었기 때문이었다. 심지어 내 옆에 앉은 한국 대표조차 옆구리를 찌르고 의자 밑으로 발을 툭툭 치는 등 제지하려 하였다.

하여간 러시아 원전으로 간단히 결정하려 했던 미국의 의도는 브레이크가 걸렸다. 미국 대표는 정회를 선포하였다.

휴식 시간에 나는 미국 대표에게 왜 굳이 안전하지 않은 러시아형 원전을 한반도에 세우려 하느냐고 물었다. 그에게서 솔직한 답변이 나왔다.

"2차 대전 이후 초강대국으로 군림해 온 미국의 힘이 최근 많이 약화되었죠. 북한 같은 나라도 저렇게 속을 썩이고 말을 안 듣는 형편입니다. 러시아는 지금 경제적으로 많은 어려움을 겪고 있는데 이럴 때 러시아형 원전을 팔아 주면 러시아 경제에 큰 도움이 될 것이고 따라서 북핵 문제에 대한 러시아의 영향력을 기대할 수 있어 일석이조가 아니겠습니까?"

예상했던 미국의 의도를 확인할 수 있었다.

미국에게 러시아형 원전은 러시아와 북한이라는 두 마리 토끼를 동시에 잡는 카드였다. 한반도의 안전은 그 다음으로 중요한 문제였다.

다시 속개된 회담에서 나는 1987년에 미국 웨스팅하우스와 맺은 계약 내용 중 법률적인 부분을 거론하였다.

"웨스팅하우스와 맺은 계약에 따르면, 웨스팅하우스로부터 도입한 기술 자료 자체를 외국에 수출할 경우에는 동의가 필요하지만, 도입한 기술을 외국이 활용하게 한다던가(재 실시권 허용) 이 기술을 활용하여 만든 제품을 수출할 경우에는 동의가 불필요하도록 되어 있습니다. 그런데 여기서 짚고 넘어가야 할 문제가 있습니다. 북한이 한국에게 과연 외국이냐 하는 문제입니다. 북한을 외국으로 보아도, 이미 언급한 바와 같이, 미국의 승인은 필요하지 않습니다. 그런데 웨스팅하우스와 맺은 계약상 북한은 한국의 일부입니다. 왜냐하면 계약에 '대한민국 영토 내에서는 한국 원자력개발원이 독점적이고 배타적인 권한을 갖는다.'고 규정되어 있음과 동시에 '계약 문구의 해석은 대한민국 법에 따라 지배되고 해석된다.'고 명시되어 있지요. 그런데 대한민국 헌법은 북한을 포함한 한반도 전체를 대한민국의 영토로 선언하고 있기 때문입니다."

나의 이 지적은 미국과 일본 대표단이 전혀 생각하지 못했던 논리로서 모두 할 말을 없게 만들었다.

그러나 미국과 일본은 포기하는 기색이 전혀 없었다. 한국에서 온 한 과학기술자의 논리에 밀려 국익을 간단히 포기할 미국과 일본이 아니었다. 그 이후로 미국 팀과 일본 팀이 힘을 합쳐 나를 몰아세우고 나는 이를 받아치는 치열한 설전이 계속되었다.

결국 이날 회담은 아무도 예상하지 않았던 한국형원전의 존재와 이의 북한 공급 가능성에 대한 논쟁으로 끝을 맺었다. 외교관도 아닌 내가 졸지에 정부 간의 협상에 나타나 '원맨쇼'를 하여 한국형을 주장하였으나 미국과 일본 대표단의 태도는 '뜻밖의 걸림돌이 생겨 귀찮게 되었다'는 정도의 분위기였다. 다만 자신들의 준비가 부족하여 이박사인가 뭔가 하는 전문가에게 논리에서 밀린 것 같으니 내용을 자세히 알아봐야겠다고 벼르는 느낌을 받았다. 그날 회담은 그것으로 중단되었고 다음날 다시 속개하기로 하였다.

Mr. 피타고라스,
Mr. 아르키메데스

──────────────── 다음 날, 한국 협상 팀은 아침부터 주미 한국 대사관에서 미국으로부터 회담 시간 통보를 기다리고 있었다. 오늘 회담에 대한 전략 회의 뭐 이런 것은 없었다. 어차피 미국 의도대로 가게 되어 있는 일인데… 관심을 갖는 사람조차 없었다.

'이런 상황에서 어떻게 저 산 같이 느껴지는 미국을 상대로 협상할 수 있을 것인가! 오늘 회의에서 미국은 어떻게 나올까? 보나 마나 갖은 논리로 한국의 주장을 반박할 텐데….'

지피지기라야 백전백승인데, 상대방의 전략에 대한 예상이나 대응 방안을 논의하기는커녕 각자 멍하게 앉아 회의 시간 통보를 기다리고 있었다. 나는 참담한 기분이었다.

오후 1시 40분, 팩스 한 장이 들어왔다. 20분 후인 2시에 회의가 열린다는 것과 어제 나의 한국형원전 주장에 대한 미국 측의 반박 자료였다. 대사관에서 국무부 회의장까지는 10분 거리였다. 나는 보고 있던 서류를 가방에 쓸어 담고 방금 받은 미국 측 자료를 손에 든 채 일행과 함께 엘리베이터에 탔다. 짧은 시간이나마 미국 측 자료를 읽어라도봐야 회담장에서 무슨 말을 할 수 있을 것이 아닌가. 이동하는 차 안에서나 미 국무부에 도착해 출입

절차를 밟으면서도 자료를 읽으랴 한편으로 대응 논리를 짜내랴 나의 머리는 바쁘게 돌아가고 있었다.

그러나 아무것도 생각나는 것이 없었다. 미국은 계속 한국이 말하는 한국형원전의 기술이 미국에서 갔기 때문에 미국의 법에 따라 미국 적성국에게 수출하는 것은 불가능하다는 논리였다. 뚫고 들어갈 틈이 없어 보였다. 대한민국 정부 대표단은 지금, 북한에 우리 돈으로 러시아형 원전을 짓겠다는 미국 정부의 일방적인 방침을 통보 받기 위해 회의장으로 들어가고 있었다. 비참하고 답답했다.

엘리베이터 안으로 밀려들어가면서 나는 이 문제를 혼자의 힘으로 해결할 수 없음을 '새삼스레' 깨달았다. 절대자에게 기도를 하기 시작했다. 간절히, 간절히….

'나에게 지혜를 주십시오. 지혜를… 러시아형 원전은 안 됩니다. 우리나라는 세계에서 유일하게 3개국에서 골고루 원전을 수입한 나라입니다. 정치인들이 외국으로부터 진 강대국이 휘두르는 외교 카드에 놀아난 결과입니다. 이제 우리에게도 한국형원전이 있는데 북한에 러시아형 원전을 세울 순 없습니다. 이 사업을 외국이 아닌 우리가 주관하게 해 주십시오. 오랜 슬픈 역사를 갖고 있는 한민족이 처음 맞는 공동의 대역사(大役事)입니다. 우리 민족을 불쌍히 여겨, 먹고 먹히는 살벌한 국제사회에서 살아남도록 해 주십시오.'

20여 초의 짧은 시간이었지만 혼을 담아 올린 기도였다.

엘리베이터가 멈췄다. 그리고 문이 열리는 소리가 들렸다. 아직 감겨져 있는 나의 눈에, 강하면서도 부드러운 빛이 느껴졌다. 복도 조명이 몹시도 밝구나 하면서 눈을 떴다. 그러나 눈을 뜨고 본 복도는 매우 어두웠다. 침침한 형광등 조명이 있을 뿐이었다.

그 순간, 나는 40여 년을 살면서 한 번도 경험하지 못한 완벽한 자신감이 온몸을 휘감는 이상한 환희를 느꼈다. 엘리베이터를 탈 때 답답하고 비참했던 마음과는 완전히 딴판이었다.

나는 '뿌리, 뿌리' 하고 중얼거리면서 엘리베이터를 내렸다. 그리고 회의장으로 들어갔다.

회의는 미국 측의 발언으로 시작되었다.

"어제 한국 측으로부터 한국형원전의 존재와 특성에 대한 설명은 잘 들었습니다. 내 이야기를 하기 전에 한국에 질문이 하나 있습니다."

미국 대표는 발언을 시작하자마자 나에게 질문을 던졌다.

"말씀하시지요."

"미국 웨스팅하우스와 한국 원자력개발원 사이의 계약서에 미국의 대 적성국 수출금지법을 따르도록 규정되어 있는 것이 사실입니까?"

"사실입니다."

"그렇다면, 유감스럽게도 한국형을 북한에 제공할 수는 없습니다. 왜냐하면 미국의 적성국 수출 금지법은 미국 기술 자체는 물론 미국 기술을 이용한 제품도 적성국에 팔지 못하도록 규정하고 있는데 한국형원전의 기술은 미국 기술이 원조(US-origin technology)이기 때문에 그렇습니다. 더군다나, 미국은 현재 북한에 대해서 경제 제재를 취하고 있으므로 법적으로 승인이 불가능합니다."

미국의 논리는 완벽해 보였다. 그러나 나는 미국 논리의 허점을 정확히 꿰뚫고 있었다. 그것은 바로 아까 엘리베이터를 내릴 때 머리에 섬광처럼 번뜩였던 '뿌리'였다.

발언을 시작했다.

"한국형원전의 기술 원조가 미국이기 때문에 미국 법에 따라 한국형원전을 북한에 공급할 수 없고 러시아형으로 해야 한다고 하는데, 그러면 미국 기술의 원조는 어디입니까?"

예상치 못한 나의 질문에 어느 누구도 선뜻 나서서 대답하지 못했다. 계속 말해 보라는 의미의 침묵이었다.

"미국 기술의 원조는 유럽입니다. 그러면 유럽 기술의 원조는 어딘지 압니까? 유럽 기술의 원조는 몇 천 년 전으로 거슬러 올라가 미스터 피타고라스나 미스터 아르키메데스가 될 수 있겠지요."

참석자들의 얼굴에 당혹스러워하는 표정과 재미있어 하는 표정 등 여러 가지 반응들이 떠올랐다.

"기술은 이렇게 선각자들로부터 시작돼 서서히 진화되어 오다가 19세기 유럽에 와서 산업에 응용할 수 있는 형태로 발전되었고, 영국에서 산업혁명이라는 큰 점프를 이루게 되며, 그 기세가 미국이라는 도전적인 대륙에 상륙하면서 본격적인 상업화가 이루어졌습니다. 그리고 그 기술이 한발 늦게 한국에 도입된 것입니다. 이렇게 기나긴 기술 발전 과정에서, 중간에 끼여 있는 미국이 나서서 '우리가 기술의 원조이니 미국 법에 따라야 한다.'고 주장하는 근거나 이유가 무엇입니까?"

아무도 선뜻 나서는 사람이 없었다. 내가 계속 발언했다.

"물론 미국이 원전을 처음 시작했으니까 '원전 기술은 미국이 원조'라고 주장할 수 있습니다. 그러나 그 것은 역사적인 사실이고 존경의 대상일 뿐입니다. 계약이나 법률로 구속할 수 있는 원조는 아닌 것입니다. 왜냐하면 미국 법에 따라야 한다는 구속성의 근거로서 기술의 원조가 주장되려면 한국과 미국 사이의 계약서에 이를 적시하는 조항이 들어 있어야 합니다. 이런 조항은 기술을 받은 측이 제3국에 제품을 수출할 때, 기술을 제공한 측의 승인을 받는다는 식으로 표현되는 것이 일반적이지요. 그런데 어제 자세히 설명한 대로, 한국 원자력개발원과 미국 웨스팅하우스 사이에 맺어진 계약서에는 그런 조건이 없을 뿐 아니라, 오히려 양측이 경쟁적으로 제3국에

진출할 수 있게 되어 있습니다."

나는 '일본은 그렇게 하지 못했지만' 이라고 말하지는 않았지만 어제 논쟁한 일본 대표의 얼굴을 빤히 쳐다보면서 이야기함으로써 그렇게 말하는 효과를 즐기고 있었다.

묘한 침묵이 흘렀다. 나는 이어서 말을 더 할까 하다가 참았다. 이 침묵은 여기 있는 사람들이 나의 논리에 이미 압도당해 '김이 팍 샌 것'임을 느꼈기 때문이었다. 한참의 시간이 흘렀다. 미국 대표 한 사람이 약간 더듬으며 질문에 나섰다.

"아~~음, 기술 원조에 대해서는 이해가 됩니다. 그래서 미국의 적성국 수출 금지법을 한국이 따를 필요가 없다는 주장도 설득력이 있는 것 같습니다. 그래도 한국은 미국의 우방으로서 적성국 수출 금지법의 취지를 존중하고 따라 줘야 하는 것 아닙니까?"

나는 미소를 머금으며 답변했다.

"옳은 언급입니다. 세계의 핵 정책을 사실상 관장하는 미국의 노력은 인류 평화에 크게 기여하고 있으며 개인적으로도 감사하게 생각하고 있습니다. 당연히 협조해야한다고 생각합니다. 그런데 제가 질문 하나 하겠습니다."

"..."

"미국의 적성국 수출 금지법의 취지는 북한 같은 적성국에 민감한 기술이나 전략적 가치가 있는 시설이 들어서는 것을 막기 위한 것 아닙니까?"

답변하는 사람은 없었다. 너무나 당연한 이야기이기 때문이었다. 방안은 쥐 죽은 듯 조용하다. 이 질문을 한 미국 대표는 미세한 고개 끄덕임으로써 '그 말은 맞는데… 그래서?'라고 말하고 있었다. 나의 발언은 계속되었다.

"그렇다면, 지금 우리가 여기 모여 있는 것은 북한에 원전을 지어 주기 위해서입니다. 미국은 러시아형 원전을 공급하자고 주장하고 있고 한국은 한국형원전으로 하자고 주장하고 있는데, 어떤 원전을 공급하든지 간에 상관없이 미국의 대 적성국 수출 금지법을 위반하는 것입니다. 왜냐하면, 한국형이건 러시아형이건 간에 민감한 기술과 전략적 가치가 있는 시설이 북한으로 들어가는 것은 마찬가지이기 때문입니다. 따라서 미국 정부가 원자력발전소를 북한에 공급하자고 한국과 일본을 설득하는 이 자리는, 미국 정부가 스스로 미국 법을 어기는 것일 뿐만 아니라 우방국인 한국과 일본에게 '우리 모두 힘을 모아 미국 국내법을 어기자.'라고 선동을 하고 있는 것입니다. 안 그렇습니까? 이렇게 하면서도, 한국형원전은 미국이 원천기술이기 때문에 미국 법에 위반되어 곤란하고 러시아 원전은 괜찮다는 논리인 것 같은데… 맞습니까?

하여간 영어가 나에게는 외국어라 뜻이 분명히 전달되지 않았을 수 있어 다시 말하겠습니다. 북한에게 원전 제공을 추진하는 정책은 어느 나라 원전인가와는 상관없이, 미국 정부가 스스로 미국의 국내법인 대 적성국 수출 금지법을 정면으로 위반하는 것이고, 또한 한국과 일본에게 협조를 요청하는 것은 미국의 법을 함께 어기자고 꼬드기는 행위인데, 그래도 괜찮은 것인지 저는 잘 모르겠습니다."

회담장은 완전히 조용했다. 한 미국 대표가 겸연쩍게 웃으며 손을 들더니 발언했다.

"시간도 많이 갔고 아마도 마지막 질문 같은데… 그러한 명쾌한 논리에도 불구하고 미국이 러시아 원전으로 해야 하는 이유가 있습니다. 너무 따지지 말고 미국의 정책에 따라 주는 것도 하나의 방법 아닙니까? 우리 모두 친구 나라인데."

나는 이 사람이 말하는 뜻을 알아차렸다. 러시아에 선물을 주고 북한을 통제 하는데 러시아의 도움을 받으려는 미국의 의도를 말하고 있었다.

"그 말에도 동감입니다. 여기서 내가 꼭 이야기해야 할 것이 있습니다.

인류 역사상 가장 끔찍한 사고 중 하나인 체르노빌 원전 사고가 난 것이 불과 8년 전입니다. 아까 말한 대로 러시아 원전은 불안전한 원전입니다. 한반도는 캘리포니아보다도 좁은 땅인데 7천만이 모여 살고 있습니다. 길게 말하지 않겠습니다. 지금 언급한 미국이 러시아 원전을 희망하는 이유와 한반도의 안전 중 어느 것이 더 중요한지 판단해 주기 바랍니다."

적어도 10초 이상은 아무도 말하는 사람이 없었다. 이제 분위기는 완전히 나의 것이었다. 바로 건너편에 앉아 계속 못마땅한 표정으로 나의 신경을 거스르던, 안경 쓴 50대 중반의 국방부 관리도 이번에는 고개를 끄덕였다.

누군가가 "어쨌든 정해진 법과 계약은 지켜야 하지 않는가?"라고 말하는가 싶더니 옆에 앉은 사람의 제재를 받고 이내 사그라졌다. 나는 이미 죽어 버린 분위기에 마지막으로 '확인 사살'을 했다.

"60년대에 제정된 미국 원자력법에 주 기기로 분류된 4개 기기, 즉 압력용기, 주순환펌프, 핵연료 취급기계, 제어봉은 수출을 못하게 돼 있습니다. 아직도 이 법이 유효하게 남아 있는 것은 참으로 이해할 수 없습니다. 왜냐하면, 1960년대 당시는 미국만이 이런 기기들을 제작할 수 있었기 때문에 이 조항이 효력이 있었지만 30년이 지난 지금은 사정이 사뭇 다르기 때문입니다. 한국의 경우 이러한 기기들을 국내에서 제작하거나 혹은 미국에서 사다 쓰고 있습니다. 정녕 미국이 그런 기기들을 수출하지 못하겠다면 한국이 스스로 제작하거나 다른 나라에서 사다가 쓰겠습니다. 그렇게 하면 미국 기업이 좋아할지 잘 모르겠습니다만…"

미국인들은 나의 이야기에 자존심이 상했을 것이다. 항상 일류여야만 하는 그들로서는 불쾌한 말이 아닐 수 없었다. 그러나 그게 현실이었다.

참석자들은 질문대신 웅성거렸다. 미국 측은 결국, "우리 측 준비가 부족했으니 좀 더 상의하고 1주 뒤에 서울에서 다시 만나자."는 식으로 얼버무리고 회의를 끝냈다.

숙소에 돌아온 나는 여러 가지 상념에 사로잡혔다.

나로서는 이 국제회의가 뜻밖에 성공적인 것 같아 여간 다행이 아니었다. 그러나 이 모든 것들이 그동안 우리나라에 한국형 원전이 없어 원전을 모두 수입하다 보니 생긴 설움이고 수모라는 생각을 하니 대한민국 과학기술자의 한 사람으로서 자괴감이 느껴졌다. 그러나 이제는 한국형원전이 있으니 달라져야 한다.

우리나라는 외국 원전이 세 종류나 들어와 있는 유일한 나라다. 미국의 웨스팅하우스에서 8기, 프랑스에서 2기 그리고 캐나다에서 4기 총 14기의 원전이 수입되었다. 지구상에 있는 원전 중 러시아형을 제외한 모든 원전이 들어와 있다. 원전 전시장이라고나 할까?

이 원전 전시장은 기술 후진과 정치 부패가 어우러져 만들어 낸 기형아이다. 품질과 가격에 의한 선택이 아니다 보니 이 지경이 되었다. 이렇게 여러 가지 원전이 들어와 있는 것은 운전의 안전성과 부품의 국산화 등은 물론 원전 기술 자립 자체에 매우 부정적인 것은 두말할 나위가 없었다.

강대국들 눈치 보며 이것저것 팔아 주느라 많은 바가지를 쓰고, 그 대가로 누구는 떡고물 정도가 아니라 '찐빵 속의 앙꼬'를 먹고… 천신만고 끝에 한국형원전을 만들어서 그 상업 모델인 울진 3·4호기를 우리 손으로, 우리 책임 하에 건설하고 있는 마당에 또 다시 제4의 외국 노형이 한반도에 세워진다니! 그것도 우리 돈으로….

솔직히 미국인과 일본인들 앞에서는 피타고라스, 아르키메데스까지 들먹이며 큰소리 쳤지만, 힘이라고는 시골 이장만큼도 없는 과학기술자로서 허탈감에 빠질 수밖에 없었다. 어차피 이런 문제는 강대국의 힘에 밀려 정치적으로 결정될 텐데, 결국은 러시아형으로 결정되고 마는 것이 아닌가 하는 낭패감이 가슴을 도려내고 있었다. 절망으로 빠져 들어가는 스스로를 추스르느라고 여러 번 이를 악물었다.

그러면서도 나는 회담장에서 기술의 '뿌리'를 들어 미국의 논리를 반박한 것은 참으로 잘된 일이라는 생각이 들었다. 이제 생각해도 통쾌했다. 회담 준비를 할 기회가 없었는데도 필요한 계약서 문구들이 조목조목 기억났을 뿐 아니라, 이 문구들을 미국의 국내법과 연결시켜 미국의 논리를 반박할 수 있었던 것은 기적에 가까웠다. 엘리베이터에서 한 간절한 기도가 통했다는 뿌

듯함이 느껴졌다.

나는 "북한에 원자력발전소를 지어 주려는 것은 미국의 대 적성국 수출 금지법을 미국 정부가 스스로 위반하는 것인데, '그' 미국 정부가 '그' 적성국 수출 금지법을 들어 한국형원전의 북한 공급이 불가능하다고 말하는 것은 앞뒤가 맞지 않는다."라고 설파한 것은 참으로 다행이었다고 생각했다. 나중에 미국 대표들이 사석에서 "우리도 미처 생각하지 못했던 치명적인 독가스였다."고 푸념했을 정도로 이 논리는 미국을 꼼짝 못하게 만든 끝내주는 논리였다.

그러나 이 회담에서 거둔 나의 통쾌한 승리가 결국 부메랑이 되어 나를 공격할 줄은 아무도 몰랐다. 대한민국에는 기술 매판 세력이 숨 쉬고 있었다.

기술
매판 세력

─────────────── 미국 국무부에서의 한미일 회담을 마치고 돌아오는 귀국길이었다. 고도 1만 미터, 눈을 감고 잠을 청했지만 잠이 오질 않았다. 그곳은 온통 구름바다였다. 나는 그 위를 사뿐사뿐 날아가듯이 걸어가고 있었다. 누군가 저만치 앞에서 오라고 손짓하고 있었다. 어딘지도 모른 채 목소리가 들

리는 곳으로 걸어갔다. 알 수 없는 자신감, 그리고 평안함, 구체적인 것은 하나도 없었지만 무언가 곧 해결의 실마리가 잡힐 듯했다. 그렇다. 또 두드리는 수밖에…. 열릴 때까지 어디든 찾아가 두드리리라.

미국에서 귀국한 나는 며칠간의 고민 끝에, 개인적으로 어떤 희생을 치르더라도 한국형원전을 북한에 짓기 위해 '인간이 할 수 있는 모든 것'을 하기로 결심하였다.

한국형원전이 북한에 들어가면, 심각한 북한의 에너지 문제가 어느 정도는 해결되어 북한 주민의 삶의 질이 나아질 뿐만 아니라, 한국은 북한의 에너지 문제에 결정적인 주도권을 쥐게 된다. 또한 엄청난 남북교류가 장기간 동안 일어난다. 어찌 통일을 향한 커다란 진보가 아닐 수 있겠는가? 이러한 희망적인 생각과 함께 러시아형 원전이 들어갔을 경우 발생할 수 있는 문제점을 우려하지 않을 수 없었다. 위험할 뿐만 아니라 꽉 막혀 있는 남북관계에 겨우 트인 하나의 숨통을 러시아가 관리하는 형상이다. 이것을 그냥 놔둘 수는 없었다.

그러나 실제로 북한에 한국형원전이 들어갈 확률은 제로에 가까웠다. 북한이 핵무기 개발을 포기하는 대가로 러시아형 원전을 북한에 지어 주는 이 아이디어는, 미국이 제의하고, 일본과 유럽이 동의하고, 러시아는 물론 대환영이고, 대부분의 돈을 댈 한국 정부는 한국형원전이 있는지조차 모를 뿐 아니라 미국의 핵 정책이니까 무조건 따르는 입장이었고, 당사자인 북한은 체제 유지에 지장이 없으니 환영하는 완벽한 시나리오였기 때문이다. 이 엄청난 음모인지 계획인지를, 한국의 정부 출연 연구소 연구원이 혼자 뒤집어 놓을 수는 없었다. 성공 확률은 제로였다.

그렇다고 포기할 수도 없었다. 아무리 성공 확률이 없더라도 그냥 포기해 버리기엔 너무나도 중요한 일이었다. 나중에, 그렇게 되지 않기를 간절히 기도하면서, 북한에 설치된 러시아 원전에서 사고가 났을 때, '나는 러시아 원전으로 결정되는 그 당시 현장에 있었던 것은 사실이다. 그러나 나는 이를 막기 위해 최선을 다했노라.'고 자식들에게 떳떳하게 말할 수 있도록, 그렇게 부끄럼 없이 말할 수 있도록 할 수 있는 모든 것을 하는 것으로 만족하자고 결심하였다.

워싱턴 회의를 끝내면서 미국 정부 대표가 이야기한 대로, 1주 후 서울에서 다시 한미일 회의가 열렸다. 이 회의는 매우 간단했다. '지금까지 미국 정부가 추진했던 러시아형 원전은 포기하고 대신 웨스팅하우스 원전을 공급하는 것으로 정책을 바꾸었다.'라는 미국 대표의 일방적인 통보가 있었을 뿐이었다. 한국과 일본 대표들 모두 별다른 말이 없었다.

그러나 나는 할 말이 있었다.

"지난번 워싱턴 회의에서는 미국 회사인 웨스팅하우스는 물론이고 그 기술을 배워간 한국마저도 미국 국내법에 따라 북한에 원전을 제공할 수 없다고 하더니 어떻게 웨스팅하우스 원전을 제공할 수가 있느냐? 미국 국내법을 미국 회사에게는 적용하지 않고 한국 회사에게만 적용한다는 말이냐?"고 물었다. 미국 대표는 계면쩍게 웃으면서 대답했다.

"그게 아니고 대통령령에 의한 예외(Presidential Waive) 조항을 적용하기로 했다."고 말했다. 나는 이제 더 이상은 할 말이 없었다. 배척 대상이 러시아형에서 웨스팅하우스 원전으로 바뀌었을 뿐이었다.

미국 정부는 웨스팅하우스 원전을 공급하겠다고 천명하고 나섰는데 한국 정부는 반응이 없었다. 하기야 그 위험한 러시아형 원전을 공급하겠다고 했을 때도 대책이 없었는데 미국 원전이라면 더욱 할 말이 있을 리가 없었다.

결국은 국제관계에 대해서 과학기술자가 국제 외교 문제에 대한 논리를 개발하고 정부 사람들을 찾아다니면서 설득해야 하는 이상한 형국이 되어 버렸다.

당시 웨스팅하우스는 공개적으로 '한국형원전 배제'를 외치지는 못하였다. 왜냐하면 한국이 유일한 고객이었기 때문이었다. 회사 문을 닫기 직전에 한국이 한빛 3, 4기를 사주는 바람에 살아났고 이를 기반으로 여러 가지 부품과 서비스를 한국에 판매하고 있기 때문에 몸조심을 하지 않을 수 없었다.

그렇다 보니, 웨스팅하우스는 한국형을 제치고 북한에 자기네 원전을 공급하는 작업을 지하에서 은밀하게 할 수 밖에 없었다. 여기에 동원된 사람들은 한국의 고위 공직자들이었다.

한국 5천 년 역사는 매판으로 점철되어 있다. 강대국과 이익이 상충될 때 조국을 배신하고 강대국에 들러붙어 배를 채우는 세력이 끊임없이 있어 왔고 이들이 깨끗하게 청산된 적이 없었다. 이제는 기술이 국가의 가장 중요한 재산인 시대이다 보니 그냥 '매판'이 아니라 '기술 매판'이 중요하게 되었다.

이제 한국형을 지키기 위한 노력에는 미국과의 정책 대결만이 아니라 이 기술 매판 세력과의 전쟁이 추가되었다. 이 전쟁이 외국과의 전쟁보다 더 어렵고 희생이 뒤따를 것이란 예감은 오랜 역사에서 토속적으로 당해온 경험의 산물이었다. 나에게도 이 예감은 적중하였다.

김일성이
죽던 날

─────────────────────── 나는 청와대 문을 두드리기로 하

였다. 한국형원전의 존재와, 그것을 북한에 제공하는 데에 기술적, 법적으로 아무런 문제가 없다는 것을 국가 최고 의사 결정권자인 대통령에게 전달하는 것만이 문제 해결의 지름길이라고 생각했기 때문이었다. 정해진 결재라인이랄까 외무부에게 이를 알리고, 이 보고가 대통령에게 전달되기를 기대하는 것은 아무래도 바보짓 같았다. 제대로 보고가 되지도 않겠지만, 된다 해도 몇 달이 걸릴지 모를 일이었기 때문이었다.

나는 청와대에 사돈의 팔촌이라도 있는지 알아보았다. 다행히 동기동창생인 김관진 대령이 비서관으로 근무하고 있었다. 고등학교 시절 서울대를 가고도 남을 좋은 성적의 모범생이었다. "서울대? 야, 난 나약한 지식인이 싫다. 군인 할란다, 군인." 하면서 당시 인기가 없던 육사에 간 특이한 친구였다. 나의 얘기를 듣더니 열고가 났는지 열심히 청와대 비서관들과의 만남을 주선해 주었다.

1994년 7월 8일. 유난히 더운 날씨였다. 나는 땀을 뻘뻘 흘리면서도 정장을 했다. 청와대 비서진 5~6명에게 외국 학술지에 실린 한국형원전의 개념도를 펴놓고 준비해 간 자료를 보면서 한국형원전에 대해 열심히 설명을 해갔다. 서로 많은 질문을 주고받는 등 의미 있고 유익한 결론이 나올 수 있는 분위기였다.

그러나 그날의 청와대 브리핑은 도중에 끝날 수밖에 없었다. 회의 도중에 누군가 뛰어 들어와서는 '김일성이 죽었다.'고 고함을 친 것이다. 마치 옹기종기 모여 있던 닭들이 돌팔매질에 뿔뿔이 흩어지듯 회의는 그렇게 풍비박산이 나고 말았다. 그 후 그 비서관들의 주선으로 다시 청와대에 들어가 브리핑을 하였고, 한국형원전의 존재가 대통령에게 전달될 수 있었다. 그러나 대통령에게서 어떤 반응도 나오지 않았다. 대통령도 기술매판 세력에게 둘러싸여있거나 그들의 한 부분이었다.

나는 계속 뛰어다녔다. 조금이라도 영향을 미칠 수 있는 사람은 다 찾아다녔다. 정부 부처의 과장에서부터 장관까지, 그리고 국회의원 보좌관에서부터 여야의 중진 의원들까지 만나 주는 사람들은 모두 만나 절규와도 같은 설명을 되풀이하였다. 충심을 알아주어 고맙게 생각하는 사람도 있었고, '미국이 하는 핵 정책을 우리가 어떻게 바꿔?' 하며 나를 국제 정세에 무식하고 정치 감각이라곤 전혀 없는 '영락없는 과학기술자', '팔푼이' 비슷하게 보는 이도 있었다.

드디어 예상대로, 국내 여기저기서 한국형원전 흠집 내기가 시작되었다. 우선은 한국형원전의 존재 자체를 부정하고 우리가 설계하는 원전의 명칭을 웨스팅하우스 원전 명칭에 종속시키려는 시도가 펼쳐졌다. 물론 한국형이 없어지면 북한에는 자연스럽게 웨스팅하우스 원전이 세워지기 때문이었다. 웨스팅하우스는 이러한 목적을 관철하기 위하여 한국형원전에 극단적인 거부 반응을 보이는 북한을 활용하기까지 하였다.

한국 과학계의 원로이고 정부 정책에 큰 영향을 미치는 어떤 사람이 한국형원전의 존재를 부정하는 1번 타자로 등장하였다. 이 사람은 나름대로의 논리를 펴는 것이 아니라 무조건 일본과 '비교 열위'의 논법을 동원하였다. 즉 이 사람은 '우리의 기술 수준에 한국형원전이 웬 말이냐'며 원전 운전 경력이 한국의 여덟 배이고, 시설이 여섯 배인 일본도 일본형 원전이 없는데 한국형원전이 있다는 것은 어불성설이라고 주장하였다. 이 사람은 사석에서 이런 주장을 펴는 것이 아니라 여러 언론에 기고까지 하였다.

처음에는 잘 몰라서 그런다고 생각하여 열심히 설명하였다.
　'일본도 우리와 같이 미국으로부터 기초 기술을 들여와 여러 가지 연구 개발을 거쳐 원전을 개발하였다. 우리보다 훨씬 일찍 시작하여 경험도 많고 어느 분야에서는 기술이 앞서 있는 것도 사실이다. 그런데 그들이 우리와 다른 것은 일본형 원전에 법적 지위를 부여하는 데는 실패한 것이다. 다시 말해, 미국 웨스팅하우스와의 기술 도입 계약에, 일본의 원자력발전소를 해외에 수출할 때는 일일이 웨스팅하우스의 승인을 받도록 규정되어 있다. 이 조문이 아직도 유효하여, 일본은 기술적으로는 미국으로부터 완전히 독립하였으나, 아니 더 앞서기도 하였으나, 법적으로는 미국에 얽매어 있으니 '일본형 원전'이란 용어를 쓸 수 없는 것은 당연한 일이다. 그러나 우리는 웨스팅하우스와의 계약에 웨스팅하우스의 기술을 기초로 했더라도 우리가 개발한 기술은 모두 우리의 소유이고 원자력발전소를 수출할 때도 아무런 제약 없이 자유로이, 경쟁적으로 할 수 있도록 규정되어 있다. 기술적으로나 법적으로 완전한 한국형원전이다.'

이렇게 우리가 일본보다 훨씬 현명하고 멋지게 기술 자립을 이룩했다는 사실을 설명하고 또 설명하였다. 특히 지금은 중요한 국가 이익을 놓고 국제 사회에서 협상이 진행되고 있는 시점이니 협조를 부탁하였으나, 이 사람의 귀는 소 귀였고 우리의 설명은 경 읽기였다.

이 사람의 주장이 황당했지만 신분이 민간인이었기 때문에 파장은 제한적이었다. 1994년 하반기 어느 유력 중앙 일간지에 한국형원전을 아예 부정하는 기고문이 실렸는데 이 기고문은 놀랍게도 당시 현직 고위 공직자가 실명으로 쓴 글이었다.

그는 이 기고문에서 한국형원전은 웨스팅하우스의 노형에 미국 전력연구소의 기술을 접목했다고 거짓말을 하였다. 뿐만 아니라 한국형원전의 명칭을 웨스팅하우스 원전의 등록상표인 '시스템 80+'에 한국을 뜻하는 K를 붙여 '시스템 80+K'라고 하자는 주장까지 하였다.

몇 달 후인 1995년 초에는 더 기괴한 인터뷰 기사가 다른 유명 중앙 월간지에 실렸다. 이 사람은 기자와의 인터뷰에서 아예 한국형원전은 한국이 개발한 것이 아니고 웨스팅하우스 원전 모델을 들여와 개량하였을 뿐이라고 주장하였다.

이런 주장들은 물론 당시 웨스팅하우스가 '한국형원전은 웨스팅하우스 원전의 아류'라며 한국형원전을 부정하는 주장에 힘을 실어 주었다.

이 사건은 여러 가지 면에서 우리에게 매우 중요한 문제점들을 던지고 있었다.

우선 이 기고문을 쓴 사람이 당시 정부의 고위층 인사였다는 사실이다.

그리고 이 주장이 기관지나 혹은 강연 같은 데서 한 것이 아니라, 일간지에 기고하고 월간지와의 인터뷰를 통해 발언함으로써 여론에 적극적으로 영향을 미치려 했다는 점이다.

내용도 내용이지만 그 시점이 충격이었다. 기고문과 인터뷰 기사는 각각 1994년 하반기와 1995년 초에 실렸는데, 그 당시는 '북한에 들어가는 원자로는 한국형이어야 한다.'는 우리 측 주장과 '한국형은 없다.'라는 웨스팅하우스의 주장이 팽팽하게 맞서는 시점이었다. 당시는 설령 한국형이라는 주장에 다소 무리가 있더라도 국가 이익을 위해 우리 기술을 감싸 주고 추켜 줘야 할 상황이었는데 아예 거짓말을 하면서까지 웨스팅하우스의 주장에 동조하였다. 참으로 놀라운 일이었다.

그런데 이렇게 기술 매판을 저지르는 사람들은 물론 이 두 사람뿐만이 아니었다. 공직에 있는 많은 사람들이 우리의 기술을 부당하게 평가절하 하였다. 우리 국가 이익과 외국의 이익이 갈라지는 예민한 문제에 대해서 그 사람들이 왜 외국 회사인 웨스팅하우스의 이익에 맞는 활동을 하였는지 그 배경이 궁금할 따름이었다.

나의 편드는 외교관의 등장
-반기문

─────────────── 나는 '외롭고 어려워도 이일은 우리가 할 일, 아니 우리만이 할 수 있는 일'이라고 스스로 다짐하며 열심히 뛰어다녔다. 그 사람들의 언론 플레이에 맞서 나도 '한국형이라야', '한국형 경수로의 창씨개명' 등의 칼럼을 쓰고 여러 번의 기자회견을 하는 등 언론 홍보를 하지 않을 수 없었다.

그러나 나의 이런 노력을 지켜보는 정치권과 정부의 반응은 냉소적이었다. 나의 '옳은 이야기' 보다는 매판 세력의 '나쁜 이야기'가 더 먹히는 것이었다. 이들은 북한에 한국형원전이 지어지면 남북 간 교류가 활발하게 일어날 뿐만 아니라 북한의 전력

시설이 우리의 기술에 의존하게 되는 등 엄청난 국가 이익이 생겨난다는 사실을 마치 모르는 것 같이 행동하였다. 아니 알고 있어도 감히 미국에 맞설 생각은 없어보였다. 개인이 미국과 일본과 북한을 상대하는 믿지 못할 형국이 되어 있었다.

시간이 흐르면서 나는 지쳐가고 있었다. 처음 이 일을 시작하면서 했던 결심, '한미일 정부가 추진하고 러시아와 북한이 동조하고 유럽이 협조하는 일을 내가 바꿀 수는 없다. 다만 북한에 설치된 러시아 원전에서 사고가 났을 때, 그래서 민족 전체가 어렵게 됐을 때 '나는 러시아 원전으로 결정되는 그 당시 현장에 있었던 것은 사실이다. 그러나 나는 이를 막기 위해 최선을 다했노라.'고 자식들에게 떳떳하게 말할 수 있도록, 그렇게 부끄럼 없이 말할 수 있도록 할 수 있는 모든 것을 하는 것으로 만족하자'고 했던 결심의 '모든 것'을 다 한 시점이 아닌가 싶었다. 나는 인간이 견딜 수 있는 외로움의 한계에 와 있었다.

내가 지쳐 갈수록 왕따는 점점 심해졌다. "러시아 원전이나 웨스팅하우스 원전은 안 되고 한국형원전 이어야한다"고 주장하는 유일한 사람이 힘이 빠지니 기술매판 세력은 활기를 띠었고 이들의 논리에 경도되어있는 외무부 협상 팀은 나를 노골적으로 제쳐놓기 시작했다.

내가 이 무거운 짐을 내려놓아야 할 때가 되었다고 생각 하고 스스로 마지막이라고 작정한 워싱턴 회담에서 기적 같은 일이 일어났다. 1년의 긴 협상기간 내내 모든 외교관들이 나를 미운 오리새끼 취급을 하였는데 졸지에 어떤 외교관이 나를 두둔하고 나선 것이다.

워싱턴D.C.에서 회담을 할 때마다 반기문 공사라는 사람이 참석했다. 그런데 이 사람의 발언과 태도는 지금까지의 모든 외교관들과 확연히 구별되었다. 우선 그는 미국 사람들의 영어를 억지로 흉내 내는 그런 천박한 영어가 아니었다. 영어가 필요하니까 하긴 하되 한국인이 외국어로 배운 국적이 있는 정통 영어였다.

무엇보다도, 그의 발언이 외무부의 방침이 아닌 '대한민국의 입장'을 대변하려고 노력하는 것이었다. 본부의 방침 이다보니 노골적이진 않지만 국가이익을 우선시해야 하는 공직자로서의 고뇌가 곳곳에서 엿보였다.

'이런 외교관도 있구나.'

나는 이런 외교관이 있다는 사실만으로도 가슴이 시원해지는 것을 느꼈다.

그러던 어느 날 아침 내가 호텔 로비에서 혼자 커피를 마시고 있는데 반기문이 로비 저쪽에서 한참을 걸어 나에게 다가왔다. 나는 의아해하면서 자리에서 일어났다. 그리고는 반기문이 하는 말을 듣고는 귀를 의심했다.

"이 박사님, 어려우시죠? 이 박사님 말씀이 다 옳은 이야기니까 어렵더라도 굽히지 마시고 열심히 해주시기 바랍니다. 외무부가 아직 이 박사님의 주장을 받아드릴 준비가 안 되어 있습니다. 죄송합니다."

'외무부가 이 박사님의 주장을 받아드릴 준비가 안 되어 있다' 라는 말은, 나의 귀에는 정부가 기술매판 세력에게 오염되어있다는 사실을 안다는 뜻으로 들렸다. 나는 가슴이 울컥하면서 반기문을 껴안고 싶은 충동을 느꼈다.

'감사합니다. 반기문 공사님!'

나는 속으로만 말했다. 반기문은 나의 눈가에 습기가 어리는 것을 보면서 고개를 돌렸고 나도 얼른 커피 잔을 입으로 가져갔다.

다시 의자에 앉은 나는 '아-다는 아니구나. 이런 사람도 있구나. 혹시 대부분의 외교관이 속으로는 이렇게 생각하는 것은 아닐까...?' 라는 생각이 가슴을 때렸다.

나는 반기문과의 이 30초짜리 만남으로 심기일전 할 수 있었고 결국, 북한에 러시아나 미국의 원전이 아닌 한국형원전이 들어가는 계기가 되었다.

그리고는 연이어, 믿을 수 없는 기적이 일어났다.

오! 기적

──────────── 한참 회담이 열기를 더해 갈 무렵인 1995년 5월 말경, 북한이 한국형원전을 공개적으로 부정하도록 부추기는 웨스팅하우스의 비밀문서가 나의 손에 들어오는 기적이 발생하였던 것이다.

북미회담 초기부터 북한에게서 받는 공문은 그 내용이 유치할 뿐더러 컴퓨터가 아닌 옛날 타자기로 타이핑한 것이었다. 심지어 어떤 공문서는 결재 중에 누군가가 내용의 일부를 고친 모양인데, 그 고친 부분을 액체 지우개로 지우고는 그 위에다 원래 타자기가 아닌 다른 타자기로 타이핑하였다. 영어가 어색한 것이야 그럴 수 있지만 정부 공식 문서가 그렇게까지 초라한 것을 보면서 북한이 불쌍하고 미국인들에겐 창피하기도 하였다.

그런데 어느 날, 갑자기 모든 것이 바뀌었다. 모든 문서가 미국 본토 영어로 작성되었을 뿐만 아니라 컴퓨터로 깨끗하게 타이핑되어 있었다. 그런데 10년 이상 웨스팅하우스와 수천 건의 공식 서한을 주고받고, 수많은 기술 서적을 파고들었던 우리로서는 그 북한의 영어 문서에서 짙은 웨스팅하우스의 냄새를 맡을 수 있었다. 웨스팅하우스가 즐겨 쓰는 전문 용어는 물론이고, 논리와 문체에서 빠져나갈 수 없는 웨스팅하우스 고유의 것들을 느낄 수 있었다.

웨스팅하우스가 은밀하게 북한을 돕는다는 확실한 정황이었다. 한국 덕분에 회사가 살아났고 또 살아가고 있으면서도, 한국에서 매판 세력을 운영할 뿐만 아니라 북한까지 조정하여 한국을 해롭게 하는 것이었다. 그러나 물증이 없다 보니 공론화 할 수가 없었다.

그러던 중 기적이 일어났다. 미국 대표 중 어떤 사람이 북한에 넘어간 웨스팅하우스의 비밀문서를 우리 쪽 안덕환 박사에게 건네주는 사건이 발생하였다. 그 예민한 자료를 그냥 불쑥 우리에게 넘겨주었다. 그 미국 대표가 자료를 넘겨준 이유는 알 수 없으나 아마도 웨스팅하우스의 이러한 이중 행동에 불만을 품었던 것이 아닌가 싶었다.

그 문서는 즉각 나에게 넘어왔다. 「비교 토대(Comparison Base)」란 문서였다.

이 문서는 한국형원전이라는 개념 자체를 부정할 뿐만 아니라 '성능 면에서 열등하고 안전하지도 않은 원전'으로 폄하하고 반면 웨스팅하우스 원전인 '시스템 80+'는 아주 훌륭한 원전이라며 항목별로 비교한 자료였다. 원자력발전소 관련 기술 데이터를 교묘히 각색하여 과학기술에 대해 깊은 지식을 가진 사람이 아니면 알아차릴 수 없도록 만들어져 있었다. 웨스팅하우스는 이 문서를 통하여 북한에게 세 가지 메시지를 전달하고 있었다.

1. 한국형원전은 존재하지 않는다.
2. 울진 3·4호기(한국형원전 1·2호기)는 웨스팅하우스의 '시스템 80+' 보다 성능 면에서 열등하다.
3. 웨스팅하우스의 '시스템 80+'는 울진 3·4호기보다 10배 이상 안전하다.

북한은 이 문서를 웨스팅하우스로부터 받은 직후 '한국 표준 원자력발전소형의 원자로에 대한 우리의 립장'이란 제목의 성명서를 발표하여 한국형원전에 대한 거부 입장을 공식화하였다. 북한이 발표한 이 성명서에는 자세한 기술 사양이 포함되어 있었는데, 이것들은 웨스팅하우스가 북한으로 넘긴 그 서류에 있는 내용과 완전히 같았다.

나는 불행하게도, 너무나 불행하게도, 이 문제를 대한민국의 어떤 국가 기관과도 상의할 수가 없었다. 직접 국민에게 알리는 방법밖에 없었다.

김현호 기자를 찾아갔다.

1면 톱으로 실린 기사 제목은 '미 기업, 한국형 제공 방해', '웨스팅하우스, 북한에 자사(自社) 경수로 선택 로비', '북, 지난 1월 자료 받고 태도 돌변' 등이었다. 그리고 다음 날에는 '한국형 단점만 집중부각'이란 박스 해설 기사에 북한에 전달된 자료의 사진과 함께 웨스팅하우스가 어떻게 한국형원전의 존재를 부정했는지가 설명되었다.

이 기사가 나가자마자 웨스팅하우스는 북한과의 비밀 접촉을 즉시 중단하는 것 같았다. 국내에서 암약하던 기술 매판 세력들도 활동을 멈추었다.

이렇게 되자 지지부진하던 북미회담이 급진전되어 불과 2주 후인 1995년 6월 9일, 말레이시아의 수도 쿠알라룸푸르에서 미국과 북한은 한국형원전을 북한에 건설하는 것을 골자로 한 역사적인 합의문에 서명하였다.

한국형원전이냐 아니냐의 치열한 전쟁에서 나와 김현호 기자는 '미국의 핵 정책을 넘어' 한국형을 관철할 수 있었다.